LA CONSPIRACIÓN FILOSÓFICA
CONTRA
KAROL WOJTYLA - JUAN PABLO II

Angel C. Correa

© 2016 by Angel C. Correa
Todos los derechos son reservados.

ISBN 978-0-692-79979-6

EDICIONES HUMANISMO INTEGRAL, INC.
Miami, Florida, 2016

ÍNDICE DE CONTENIDOS

LA CONSPIRACIÓN Y SUS PROPÓSITOS	7
I. EL SACERDOTE TEÓLOGO Y FILÓSOFO	11
1. Su formación sacerdotal...............	13
2. Karol Wojtyla, Académico..............	19
3. Su «creatividad filosófica»...............	29
4. De Wojtyla a Juan Pablo II............	37
II. 'OSOBA I CZYN' – 'PERSONA Y ACCIÓN'	43
1. Los primeros desacuerdos...............	45
2. La traducción al inglés.................	46
3. Definiciones básicas del libro...........	52
4. Su «antropología integral»..............	56
III. LA RAÍZ FILOSÓFICA DEL PROBLEMA	63
1. El rol de las interpretaciones...........	64
2. El rol de las tergiversaciones...........	70
3. El rol de las falsificaciones..............	74
IV. CONSUMACIÓN DE LA FALSIFICACIÓN	83
1. La exclusión de las ideas................	85
2. La alteración del lenguaje..............	92
3. La traducción al español...............	96
4. ...y el plan sigue su curso..............	106
CONCLUSIÓN	113
SOBRE EL AUTOR..............................	115
BIBLIOGRAFÍA...................................	117

INTRODUCCIÓN

LA CONSPIRACIÓN Y SUS PROPÓSITOS

Este pequeño libro es una «*denuncia*» de un «*proyecto*» diseñado para falsear el pensamiento de Karol Wojtyla a partir de su obra antropológica principal *'Osoba i czyn'* (*'Persona y Acción'* o *'Persona y Acto'*), publicada originalmente en 1969.

El uso del término «*conspiración*» se justifica, en este caso, por tratarse de un plan de gran envergadura, concebido y ejecutado con sentido de equipo por un grupo de pensadores y académicos que se identifican en una concepción filosófica que forma parte de la «*filosofía de la conciencia*», originada en el idealismo de Descartes – cual es la «**fenomenología**» –, cuyo propósito es presentar a Wojtyla como adherente a tal perspectiva en desmedro de la «*filosofía del ser*», a la que pertenece en razón de su formación sacerdotal de sólido fundamento aristotélico-tomista.

Tal proyecto – en aplicación desde la traducción italiana *'Persona e atto'. Testo polacco a fronte'*, de 1999 –, se caracteriza por desarrollar sus propósitos de falsificación aproximándose al pensamiento de Wojtyla en tres niveles, que van de lo general a lo específico y puntual, los que pueden resumirse en los siguientes términos:

1. En el nivel más general, se procura separar a Wojtyla, el «*filósofo*», de Wojtyla, el «*sacerdote y teólogo*», lo que hace posible visualizar e interpretar su pensamiento filosófico sin conexiones o «*amarras*» con la teología y el dogma católicos, lo que, además, permite considerar a Wojtyla, el «*académico*», sin prestar mayor atención a su experiencia sacerdotal, arzobispal, conciliar, cardenalicia y papal.

2. En el segundo nivel, la conspiración concentra su atención en su obra principal, 'Persona y Acción' – tratando de aislarla del conjunto de sus obras, como si se tratase de una visión filosófica completamente autónoma, tanto en su concepción como en sus fines –, en atención a que, en ella, Wojtyla se aproxima al conocimiento de la persona humana *"a través de la acción"*, influenciado por el filósofo fenomenólogo alemán Max Scheler.

3. Por último, en el nivel práctico, la conspiración «*identifica*» 'Persona y Acción' con su traducción al italiano – como si esa fuese su «*versión definitiva*» –, lo que, de hecho, posibilitó, sin consideración del original polaco, una «*manipulación textual*» que hace decir a Wojtyla lo contrario de lo que dijo en su lengua nativa.

En el desarrollo de esta denuncia nos limitaremos a confrontar dichos propósitos con la evidencia de los hechos y con la constancia textual del pensamiento de Wojtyla, sin mayor consideración de las argumentaciones filosóficas que, en este caso, aparecen viciadas por la deshonestidad intelectual.

Dejo constancia aquí de mi mayor gratitud a los sacerdotes polacos, Reverendos Tomasz Parzynski y Andrew A. Pietraszko, que me han brindado una inapreciable ayuda en aspectos pertinentes del lenguaje polaco y, sobre todo, por incentivar mis esfuerzos por alcanzar la verdad en este complejo y muy lamentable problema.

I.

EL SACERDOTE TEÓLOGO Y FILÓSOFO

El problema: El propósito de reducir a Wojtyla a su condición de filósofo

Al nivel más general, la conspiración procura – sin decirlo formalmente – separar a Karol Wojtyla, «*el filósofo*», de su arraigo básico fundamental en la teología y en el dogma católicos, porque de esa manera todo se reduce exclusivamente al juego de las interpretaciones de su pensamiento propiamente filosófico, en el que creen encontrar algunos argumentos a su favor.

Sin embargo, esta perspectiva no pareciera tener mayores visos de credibilidad, puesto que si miramos al comienzo del interés por Wojtyla, «*el filósofo*», es obvio que todo comenzó en el momento culminante de su vida «*sacerdotal*» al ser elegido Papa Juan Pablo II en octubre de 1978.

Fue precisamente ese hecho «*religioso*» el que permitió saber que el cardenal Karol Wojtyla se había destacado como filósofo en su patria, Polonia.

Dadas las circunstancias, es evidente que tal información no podía tener repercusiones muy amplias, tanto porque una elección papal es un hecho esencialmente religioso, como porque la filosofía no despierta mayor interés en nuestro tiempo. De allí que, para la generalidad de las personas, Karol Wojtyla fue y sigue siendo conocido, simplemente, como Juan Pablo II, hoy San Juan Pablo II.

Mas, para los interesados en las cuestiones filosóficas: filósofos, académicos, religiosos, políticos, etc., Karol Wojtyla, «*el filósofo*», sigue teniendo – casi cuatro décadas después de su elección papal – una presencia notable, ciertamente porque su visión filosófica es de gran jerarquía y originalidad, pero, por sobre todo, porque la relevancia de los debates a su respecto no se pierde en la privacidad habitual de las confrontaciones intelectuales, sino que es realzada por la presencia implícita de Karol Wojtyla, «*el Papa*», uno de los líderes religiosos más destacados de la historia reciente de la humanidad.

Resulta, pues, paradójico que sea precisamente esa *"presencia implícita"* la que juega un rol crucial en quienes procuran introducir en el ambiente académico *su propia filosofía* – con un «*anzuelo Wojtyla*», si así se puede decir, aunque sin incluir necesariamente las implicancias religiosas que ese nombre conlleva –, a sabiendas de que, por sí sola, tal visión se perdería en la marea de las modas intelectuales de nuestros días. Porque, no nos engañemos, si el filósofo Karol Wojtyla no hubiese sido Papa, nadie estaría citándolo a cada paso ni menos falseando sus palabras para figurar «*convenientemente*» identificado con él.

1. Su formación sacerdotal

Cuando en 1942, bajo la ocupación nazi, Karol Wojtyla decidió ingresar al Seminario (clandestino) de Cracovia, no lo hizo para ser filósofo, sino para ser sacerdote. Por ello, su formación fue primeramente teológica. Sin embargo, como la teología procura alcanzar el entendimiento correcto de la Revelación Divina mediante el uso de la razón, su principal instrumento de trabajo es necesariamente la filosofía. ¿Qué filosofía? ¿Cualquier filosofía?

Ante todo, como ciencia del conocimiento de Dios, la teología impone a la filosofía que pone a su servicio un primer requisito ineludible: debe ser compatible con la fe cristiana, pues, de no ser así conduciría al error y, con él, hasta podría llevar a la herejía.

Éste es, por tanto, el carácter de compatibilidad que la Iglesia Católica atribuye precisamente a la teología y filosofía de Santo Tomás de Aquino.

Wojtyla lo explica como sigue:

— *"La «teología especulativa», o «ética teológica» en sentido estricto, es una interpretación de las escrituras y de la tradición en consonancia con el Magisterio de la Iglesia «por medio de un sistema filosófico particular». Un ejemplo de tal teología especulativa es la teología moral de Santo Tomás de Aquino, que es ampliamente conocida y utilizada, tanto en su forma original, como en varios comentarios y libros de texto.*

— *"Realmente, éste es el único ejemplo de este tipo de teología. En efecto, en cuanto interpretación que arroja luz sobre los datos de la revelación, los que organiza perspicazmente por medio de categorías metafísicas, es una obra de proporciones monumentales – no simplemente sólo para su propio tiempo, sino también para nuestro tiempo."* * [1]

1.1. Su formación aristotélico-tomista

Así, pues, siguiendo las precisas instrucciones de la Iglesia en su tiempo, la formación teológica y filosófica de Wojtyla se desarrolló – basada directamente en Santo Tomás de Aquino –, en el curso de dos etapas: primero, la etapa básica fundamental en el Seminario (1942-46) y, acto seguido, una vez ordenado sacerdote, la etapa de doctorado en el 'Angelicum' de Roma (1947-48).

En el Seminario, Wojtyla encontró el fundamento primario de su visión filosófica:

— *"Mi formación literaria, centrada alrededor de las humanidades, no me había preparado en absoluto para las tesis y las fórmulas escolásticas que abundaban en el manual de metafísica. Tuve que cortar caminos a través de una espesa selva de conceptos, análisis y axiomas sin siquiera ser capaz de identificar el terreno sobre el que me movía.*

---

1 WOJTYLA, K., 'Ethics and Moral Theology', 1967. Person and Community. pag. 101.

— "*Estudié metafísica por mi cuenta y traté de entender sus «categorías». Y entendí. Incluso sin la ayuda de mi profesor, entendí. Tanto que, al pasar el examen, fui capaz de darme cuenta de que la metafísica y la filosofía cristiana me dieron una nueva visión del mundo, una percepción profunda de la realidad. Hasta entonces sólo había cursado estudios humanistas ligados a la literatura. A través de la metafísica y la filosofía encontré una llave: la llave de un entendimiento y percepción del mundo. La percepción más profunda, yo diría, la «**percepción definitiva**».*" * [2]

Y apenas ordenado sacerdote, el 1° de noviembre de 1946, Wojtyla recibió la orden del Arzobispo de Cracovia, Stefan Sapieha, de dirigirse a Roma a doctorarse en el entonces llamado *Pontificio Ateneo Internacional 'Angelicum'*, a cargo de la Orden de los Dominicos – que es considerado, a nivel mundial, como el centro de formación tomista de mayor jerarquía –, el que años más tarde, en 1963, sería elevado a la condición de '*Pontificia Universidad de Santo Tomás de Aquino*', por Juan XXIII, conservando su nombre '*Angelicum*'.

La figura más destacada del Angelicum era el padre Réginald Garrigou-Lagrange, O.P., considerado entonces como el más destacado teólogo tomista de su tiempo, quien dirigió a Wojtyla en su tesis de doctorado sobre San Juan de la Cruz.

---

2 JUAN PABLO II. 'The Story of my Life', pag. 26.

De regreso en Polonia, al cabo de sus seis años de formación sacerdotal básica y doctoral, Karol Wojtyla inició su labor pastoral en la parroquia rural Niegowici, a 45 kilómetros de Cracovia. Poco después, en marzo de 1949, fue trasladado a la parroquia San Florian, en Cracovia, donde recibió la misión de trabajar con los estudiantes universitarios, muy numerosos en esa área. Allí inició una experiencia pastoral que lo marcaría por el resto de su vida: su profunda relación con la juventud.

Fue precisamente esa relación parroquial la que lo predispuso a un futuro académico.

En 1951, después de la muerte del cardenal Stefan Sapieha, que había guiado al joven y prometedor seminarista y sacerdote, su sucesor, el Arzobispo Eugeniusz Baziak, le ordenó (tal vez por encargo del propio Sapieha) que se dedicase a la preparación de una '*tesis de habilitación*' que le permitiría incorporarse a la vida académica. Para ello le concedió dos años libres de sus responsabilidades parroquiales.

1.2. La Tesis de Habilitación

Wojtyla presentó su tesis a la Facultad de Teología de la Universidad Jagelónica, de Cracovia, sobre el tema Max Scheler y la Ética Cristiana. La tituló '*Evaluación de la posibilidad de construir la Ética Cristiana sobre el sistema de Max Scheler*'.

Como ésta no fue una tesis filosófica, sino teológica, supuso, como su título lo indica, un punto de vista fundamentalmente religioso, claramente explícito en sus dos conclusiones.

— "**Tesis I.** *El sistema ético de Max Scheler resulta fundamentalmente «inadecuado» para la formulación científica de la ética cristiana... A causa de sus premisas fenomenológicas y emocionalistas, «no sirve» para su comprensión teológica, que resulta «indispensable», puesto que se trata de fuentes reveladas que establecen un objeto de fe sobrenatural.*

"Dichas premisas no permiten a Scheler captar ni objetivar la relación «causal» de la persona con respecto a los valores éticos... De este modo, la verdad fundamental de la ética cristiana, que proclama a la persona humana como «causa eficiente» del bien y del mal moral de sus actos, no puede ser captada ni objetivada mediante el sistema de Scheler.

— "**Tesis II.** *Aunque el sistema ético creado por Scheler no se adecue fundamentalmente para interpretar la ética cristiana, sin embargo, puede servirnos como «auxiliar» para un estudio científico sobre la ética cristiana."* [3]

Estas conclusiones ponen en evidencia dos hechos de la mayor significación.

1° Que la elección del tema respondió a una circunstancia ajena a preferencias filosóficas, puesto que lo notable de la perspectiva de Scheler es que él mismo procuraba alcanzar, mediante su método fenomenológico, una *«vivencia experimental*

---

3 WOJTYLA, K., 'Max Scheler y la Etica Cristiana', pag. 206.

cristiana», lo que, en definitiva, contribuyó a su conversión al catolicismo.

Esa fue, sin duda, una excelente razón para que Wojtyla intentase penetrar en la validez y significación «*religiosa*» del propósito y del método implicados en tan profundo esfuerzo espiritual de Scheler.

2° Que, como Wojtyla conocía perfectamente la fenomenología, en su carácter de «*filosofía de la conciencia*», la identificó de inmediato como el principal «*obstáculo*» para la aceptación del sistema ético de Scheler. Por ello, la rechazó como tal, aceptando solamente su valor «*instrumental*» al servicio del conocimiento.

Tal reconocimiento no puede sorprender, en atención a que el tomismo, por principio, desarrolla sus tesis con perfecto conocimiento y en abierto contraste con las filosofías que se le oponen. Basta con hojear la Suma Teológica para comprobar que Santo Tomás usaba ese método en cada página. Por lo demás, eso mismo es lo que había hecho Aristóteles, a su estilo, respecto de todos los pensadores de su tiempo.

Del mismo modo, en tiempos de Wojtyla, el tomismo ya había alcanzado, encabezado por filósofos laicos tan destacados como Jacques Maritain y Etienne Gilson, su plena reincorporación al contexto filosófico contemporáneo, como una filosofía pública actual y progresiva en confrontación directa con la corrientes idealistas, relativistas, existencialistas y fenomenologistas originadas en el idealismo de Rene Descartes, identificadas, por ello, con el nombre genérico de filosofías «*postcartesianas*».

Sin embargo, no obstante la absoluta claridad de las conclusiones de Wojtyla, su tesis sobre Max Scheler – reducida a su mera significación filosófica –, es uno de los antecedentes primarios que se esgrimen, particularmente por los fenomenólogos, argumentando que ella sería el inicio de su «*conocimiento y aceptación*» de la fenomenología, de donde se hace surgir, además, una proyección imaginaria a una cierta combinación filosófica «*tomismo-fenomenología*».

2. Karol Wojtyla, el Académico

Gracias a su tesis de habilitación para la enseñanza libre, Wojtyla se desempeñó como académico de la Universidad Católica de Lublín – conocida por su sigla KUL – durante 24 años, desde 1954 hasta su elección papal.

Sin embargo, como su actividad principal fue siempre sacerdotal, Wojtyla mantuvo su residencia en Cracovia, donde alcanzó una participación creciente en la jerarquía de la Iglesia – obispo auxiliar de Cracovia, en 1958 y Arzobispo de Cracovia, en 1964, (calidades en las que participó en el Concilio Vaticano II) y luego Cardenal, en 1967 –, lo que significó una disminución paulatina de sus actividades académicas, aunque nunca su supresión completa.

Así, el destacado papel desempeñado por Wojtyla en la Iglesia impide entender su filosofía como una visión autónoma de su condición de sacerdote y teólogo. Por el contrario, esto implica que el balance de la integración teológica-filosófica de su pensamiento, expresado tan nítidamente desde su tesis de habilitación, permaneció sólidamente arraigado en su experiencia de vida sacerdotal y académica.

2.1. El contexto polaco

Para entender debidamente el desarrollo del pensamiento filosófico de Wojtyla es indispensable tener en consideración la realidad polaca del momento, así como sus consecuencias sobre la Iglesia Católica y la Universidad Católica de Lublín. Y en esto, lo primero en sorprender es que KUL haya sido la única universidad privada detrás de la Cortina de Hierro durante toda su vigencia.

Obviamente, durante ese tiempo, al igual que la propia Iglesia, KUL fue objeto de un acosamiento permanente por parte de las autoridades marxistas. Semejante estado de cosas vino a ser como la culminación de un largo período en el que la nacionalidad polaca fue víctima de los mayores sufrimientos.

A fines del siglo XVIII, Polonia había dejado de existir como país cuando su territorio terminó de ser dividido, en un proceso que duró tres décadas, entre Austria, Prusia y Rusia. Sólo vino a restablecerse como república independiente en 1918, prácticamente casi un siglo y medio después, al término de la Primera Guerra Mundial. Ese mismo año se fundó la Universidad Católica de Lublín.

Luego, la Segunda Guerra Mundial comenzó en septiembre de 1939 precisamente con la invasión nazi a Polonia, quedando dividido su territorio entre Alemania y la URRS en virtud de un pacto entre ambas potencias antes de entrar directamente en conflicto.

Durante la guerra, Polonia sufrió todo el peso de la barbarie nazi, que consumó la liquidación de un tercio de la intelectualidad polaca, en el contexto de la muerte de más de seis millones de polacos, gran parte de los cuales eran de ascendencia judía, exterminados en los campos de concentración.

Por último, en 1945, cuando las tropas soviéticas penetraron en Polonia, establecieron en Lublín el llamado '*Comité de Lublín*', que a poco andar se transformó provisionalmente en el primer gobierno comunista. Así, poco tiempo después, Polonia pasó a ser sojuzgada por la Unión Soviética bajo el nombre de República Popular de Polonia.

Ésta es una historia que raramente se tiene en cuenta al analizar los esfuerzos intelectuales concentrados en la Facultad de Filosofía de KUL, recién fundada en 1946, en la que Wojtyla y sus jóvenes colegas ejercían su dirección a raíz de la eliminación sistemática de sus jerarquías académicas. Ese condicionamiento totalitario determinó una visión filosófica esencialmente realista, destinada a contrarrestar y derrotar la permanente amenaza de ser aplastados por el «*stalinismo*» marxista.

2.2. Testimonios de los actores

En esto resulta indispensable recurrir a los relatos de los propios actores, entre los que destaca el filósofo Stefan Swiezawski, el más antiguo de los miembros de la Facultad de Filosofía a la llegada de Wojtyla, que fue quien lo reclutó basado en la amistad que forjaron cuando sirvió de revisor de su tesis de habilitación. He aquí su visión de los hechos y del proceso intelectual consecuente.

— *"Sabíamos con vívida claridad que el demonio que nos había asaltado en forma tan terrible, así como todo el bien, que incluía actos increíbles de heroísmo y sacrificio, habían sido obras de seres humanos. ¿Qué es, entonces, el ser humano? ¿Qué es lo que constituye, en sentido profundo, la persona humana? ¿Cuál es la causa de que la gente parezca en un momento una encarnación diabólica que participa en actos de brutalidad satánica, y en otro exhiba poderes sobrehumanos de amor y devoción?* **¿Quid est homo?**

— *"Aquellos de nosotros formados en la contemplación filosófica nos dimos cuenta de que la «justificación teórica» de las posiciones «realista-objetiva» e «idealista-subjetiva» en nuestra filosofía y visión del mundo cedió su lugar a nuestra «visión filosófica del ser humano». La metafísica avanza mano a mano con la «antropología filosófica». Esto explica el rol crucial jugado por la «filosofía del ser humano», rol que va mucho más allá que ningún análisis sicológico, fenomenológico o existencialista de las acciones y experiencias humanas.*

— "La tensión entre la conciencia de la pobreza filosófica de los sistemas idealista y materialista, por una parte, y la necesidad de reflexionar sobre una realidad plena y auténtica, por la otra, nos hizo poner en tela de juicio la totalidad de la corriente subjetivista de la filosofía europea en los tiempos modernos y dirigió nuestro más intenso interés hacia la filosofía clásica, tanto antigua como medieval. Muchos de nosotros nos unimos al peregrinaje a las fuentes del objetivismo, que requieren una profunda reflexión histórica y metodológica así como penosos estudios textuales. Esta es una de las mayores razones del creciente interés en el pensamiento medieval en la Polonia de postguerra.

— "Bajo el enérgico e iluminador liderazgo de nuestro joven Presidente, Profesor Jerzy Kalinowski, nos dispusimos a desarrollar las lineas principales de un nuevo programa de estudios filosóficos en la Universidad Católica de Lublin. Nosotros cuatro – Kalinowski, Krapiec, Wojtyla y yo – éramos todos muy diferentes en temperamento, en gustos y actitudes y, sin embargo, nos arreglamos para crear una unidad muy armoniosa, dando a toda la Facultad y a sus actividades de investigación y enseñanza un carácter académico especial.

— "El punto más básico de nuestro acuerdo fue que todos veíamos el realismo metafísico – **la metafísica del ser concretamente existente** –, teniendo la primacía entre todas las disciplinas filosóficas. Este principio fue *reconocido por el metafísico Krapiec, por el lógico y filósofo de la ley Kalinowski, por el eticista Wojtyla y por mi, historiador de la filosofía. Y aunque, bajo un análisis más cercano, la «existencia» se presentaba a cada uno de nosotros bajo una luz más o menos diferente, sin embargo, este básico realismo, me atrevo a decir: este realismo radical, fue el común denominador inconmovible de nuestras convicciones filosóficas."* * [4]

Esta perspectiva filosófica fundamental se mantuvo sin alteraciones de fondo a lo largo de toda la vida académica de Wojtyla, como lo demuestra el siguiente relato del cardenal Joseph Ratzinger.

— *"Con ocasión de los ejercicios que, como Cardenal Arzobispo de Cracovia, predicó en 1976 a Pablo VI y a la Curia Romana, explicaba que los intelectuales católicos polacos, en los primeros años de la posguerra, inicialmente habían tratado de impugnar, contra el materialismo marxista convertido ya en doctrina oficial, el valor absoluto de la materia.*

— *"Pero pronto el centro del debate se desplazó: ya no versaba sobre las bases filosóficas de las ciencias naturales – aunque este tema mantiene siempre su importancia –, sino sobre la «antropología». El núcleo de la discusión pasó a ser: ¿qué es el hombre? La cuestión antropológica no es una teoría filosófica*

---

4 SWIEZAWSKI, S., 'Karol Wojtyla at the Catholic University of Lublín'. En 'Person and Community',, pag. xii.

sobre el hombre; tiene un carácter «existencial». Bajo esa cuestión subyace la cuestión de la redención. ¿Cómo puede vivir el hombre? ¿Quién tiene la respuesta a la cuestión sobre el hombre? Una cuestión muy concreta. ¿Quién puede enseñarnos a vivir: el materialismo, el marxismo o el cristianismo?" [5]

Esa lógica filosófica, definida de manera tan realista en la Facultad de Filosofía de la Universidad Católica de Lublín, es reconocida hasta el presente como la *"Escuela"* filosófica tomista que constituye uno de los grandes logros de la Universidad, según lo reconoce en su sitio web *www.kul.pl*:

— *"La Facultad de Filosofía es renombrada por ser el lugar en el que se dio forma a la escuela polaca de filosofía clásica, también conocida como la Escuela de Filosofía Clásica de Lublín. Entre los distinguidos pensadores que han dado forma a esta Facultad figuran: Karol Wojtyła (Papa Juan Pablo II, que sirvió en esta facultad por más de 20 años); Stefan Swieżawski, Stanisław Kamiński, Włodzimierz Sedlak, and Mieczysław A. Krąpiec, O.P."* *

Ahora bien, como desde el punto de vista de la conspiración este contexto académico no sirve sus propósitos, porque destaca principalmente la definición tomista alcanzada en la Facultad de Filosofía de KUL, los conspiradores no han encontrado nada mejor que eliminarla de sus presentaciones,

---

5 RATZINGER, J., 'Las 14 encíclicas del Santo Padre Juan Pablo II'.

reemplazándola por una creación propia, en la que toda la filosofía de Wojtyla se reduce a la Ética: la que llaman *"escuela ética de Lublín"* – carente de reconocimiento formal de KUL o de su Facultad de Filosofía –, ligada directamente al pensamiento del fenomenólogo polaco Tadeusz Styczen, cabeza de un grupo disidente en la Facultad, quien, según veremos más adelante, es el inspirador y líder de la conspiración.

2.3. La visión tomista de Lublín.

En los análisis actuales del pensamiento filosófico de Karol Wojtyla – que por razones obvias ha pasado a ser el más destacado de los filósofos de Lublin –, el referido contexto histórico no tiene presencia alguna, pues prácticamente todo se reduce a lo que el propio Wojtyla llamó un *"mero filosóficar que a menudo significa reflexionar a propósito de teorías sobre teorías"*. [6]

El contexto totalitario en que debió ser definida y organizada la recién fundada Facultad de Filosofía de KUL (1946), obligó a los miembros encargados de su conducción a trabajar con un gran sentido de equipo. Allí no se trataba de un reflexionar teórico individual haciendo caso omiso de la realidad, típico de los ambientes académicos, sino de enfrentarla con propósitos de supervivencia y liberación espiritual e intelectual.

---

6 WOJTYLA, K., 'The Acting Person', Prefacio. 1979. D. Reidel Publishing Company.

Ese trabajo de equipo condujo a los filósofos de Lublin a definir una concepción filosófica común que integra la Metafísica, la Antropología filosófica y la Etica normativa, visión que importa una proyección de principios filosóficos, especulativos y prácticos, en la comprensión integral de la persona humana como sujeto y agente de su conducta moral.

Tal perspectiva filosófica común se enmarca en el llamado *'tomismo existencial'*, que se caracteriza por su apertura a toda realidad, dondequiera que se encuentre, y a toda verdad, cualquiera que sea su origen. Esto importa la capacidad de reconocer e integrar en su propia perspectiva filosófica – sin renuncia alguna a sus principios fundamentales – todas las realidades y verdades objetivas alcanzadas *de hecho* por filósofos no-tomistas, no obstante sus deficiencias de principios.

He aquí como los colegas de Wojtyla en la dirección de la Facultad de Filosofía, Jerzy Kalinowski y Stefan Swiezawski, describen la visión común sobre el Tomismo alcanzada en dicha Facultad, en su libro *'La Filosofía a la hora del Concilio'*, de 1965.

— "La Escuela de Lublin se encuentra entre el «**tomismo tradicionalista**» – vigente en las Universidades Pontificias romanas, que continúa justificando, por error y sin fundamento, su negación de que el presente sea igualmente generador de valores no menos auténticos que los antiguos –, y el llamado «**neo-tomismo**», predominante en el presente – que no siempre sabe discernir los valores de la filosofía antigua y que, cuando busca una *síntesis con el pensamiento filosófico moderno y contemporáneo, en realidad logra una distorsión radical de la filosofía de Santo Tomás.*

*— "La tercera tendencia, designada a veces por el nombre de «**tomismo existencial**», se relaciona con el trabajo de los dos más prominentes laicos tomistas contemporáneos: Jacques Maritain y Étienne Gilson. Ella quiere ser completamente fiel a la realidad y, por lo tanto, también a la realidad histórica, pasada y presente. Responde a una necesidad de fidelidad no a un Santo Tomás abstracto que nunca existió, sino al Santo Tomás concreto, el maestro parisino de la teología que enseñó en un tiempo y un lugar determinados.*

— "Busca, por tanto, permanecer fiel a los textos de Santo Tomás y de los tomistas y no a una escuela como una abstracción; fiel a los textos de todos los otros filósofos que estudia con no menos atención; en corto, fiel al testimonio integral de la historia, tanto de los tiempos antiguos, medievales y modernos, como de la era contemporánea. No se trata de ser tomista o de ser moderno, sino de ser filósofo y permanecer en la verdad." [7]

Frente a esta visión, a los no-tomistas les basta con asumir que el tomismo no es más que un sistema filosófico surgido en una época distante, completamente diferente a la nuestra, hecho que lo inhabilitaría para satisfacer el nivel de desarrollo

---

7 KALINOWSKI, J., y SWIEZAWSKI, S. 'La Philosophie à l'heure du Concile' ('La Filosofía a la hora del Concilio' *), 1965. Les Presses universitaires de l'IPC, París, 2014.

alcanzado por la mentalidad de nuestro tiempo. Para ellos, el tomismo es, simplemente, una filosofía obsoleta.

Es más, a su juicio, la intervención de la Iglesia Católica en asuntos propiamente filosóficos crea un conflicto adicional con su tomismo: interfiere con toda posible aceptación de la filosofía moderna, lo que, como veremos, habría limitado la creatividad filosófica de Wojtyla al período anterior a su elección como Papa Juan Pablo II.

Sin embargo, basta con saber, por ejemplo, que el libro 'Persona y Acción', que está en el centro de todas la disputas, fue concebido mientras su autor participaba en el Concilio Vaticano II, como Arzobispo de Cracovia, y publicado dos años después de haber sido elevado a la condición de Cardenal que lo habilitó para ser elegido Sumo Pontífice de la Iglesia Católica.

3. La «creatividad filosófica» de Wojtyla

— *"Deseo discutir aquí una cuestión que me parece crucial para el concepto de la persona humana y para la «continuidad creativa» del pensamiento de Santo Tomás en esta área, en relación a diferentes escuelas de pensamiento contemporáneo y, en especial, a la fenomenología, en mi intento específico de traducir ese pensamiento al «lenguaje» contemporáneo."* * [8]

---

8 WOJTYLA, K., 'La Estructura Personal de la Autodeterminación', pag. 187, 1974. En 'Person and Community'.

En esta cita, introductoria de su presentación en la conmemoración del séptimo centenario de Santo Tomás de Aquino en 1974, Wojtyla describe con gran claridad y precisión el sentido de su *"creatividad"* filosófica.

• Primero, se trata de una creatividad al servicio de la «*continuidad*» del tomismo, en procura de traducir ese pensamiento a un «*lenguaje*» actual, no para cambiarlo, sino para darle mayor vitalidad.

• Segundo, dicha creatividad se centra en la persona humana, es decir, tiene lugar en el orden práctico de la antropología filosófica y no en el ámbito especulativo de la metafísica, que es su fundamento inamovible.

• Tercero, es una creatividad abierta a los aportes de las filosofías contemporáneas y, en particular, de la fenomenología, no para desentenderse o contradecir al tomismo, sino para enriquecerlo.

Para apreciar debidamente la significación filosófica de esta creatividad en el contexto de la presente denuncia, nos limitaremos a continuación a describir sucintamente los puntos específicos que aparecen más comprometidos o afectados por la conspiración.

3.1.- La confrontación: «filosofía del ser» – «filosofía de la conciencia».

Este es el conflicto más básico, con relación al que se definen la generalidad de las corrientes filosóficas.

Se trata dos concepciones filosóficas principales correspondientes a dos maneras de entender la realidad del mundo y del hombre. Según la «*filosofía de ser*» – visión clásica originada en Aristóteles – la realidad «*es lo que es*», independientemente de lo que «*pensamos que es*». En cambio, según la «*filosofía de la conciencia*» – originada en Descartes – la realidad no es más que las «*ideas*» que formamos sobre ella. Quienes se identifican con la primera perspectiva son reconocidos como «*objetivistas*» o «*realistas*» – porque subordinan su pensamiento *a la objetividad de la realidad* –, en tanto que los que adhieren a la segunda son reconocidos como «*subjetivistas*» o «*idealistas*» – porque subordinan la realidad *a la subjetividad de sus ideas* –.

Objetivamente, estas visiones son diametralmente opuestas e incompatibles.

Wojtyla, que por su formación tomista se identifica con la «*filosofía del ser*», es un filósofo realista que afirma que la realidad es independiente del pensamiento. Y así lo dice.

— *"La realidad humana es objetiva y realmente «anterior a nuestro conocimiento»; no la formamos nosotros al conocer, sino que la encontramos. No es la realidad la que supone al conocimiento, sino el conocimiento el que supone la realidad."* * [9]

---

9 WOJTYLA, K., 'Teoría-Praxis: un tema Humano y Cristiano', 1976. Revista española 'Verbo', 1978.

Así, pues, dado que el conocimiento supone la realidad, y no al revés, el método fenomenológico «*congnitivo*» de Max Scheler, sólo puede entenderse, desde el punto de vista de Wojtyla, como un *"injerto"* en el tronco filosófico aristotélico-tomista, a cuyos fundamentos se somete. Esto permite distinguir sin mayores dificultades lo que es *"principal"*: la realidad como tal, de aquello que es *"instrumental"*: las maneras de conocerla.

3.2.- Sentido y magnitud de la aceptación por Wojtyla de la fenomenología

¿Y qué se conoce con el método fenomenológico de Scheler? Se conoce la «*subjetividad*» humana de manera mucho más avanzada de lo que logró Santo Tomas, en su tiempo, desde una perspectiva exclusivamente objetivista. Evidentemente, tal conocimiento de la «*subjetividad*» humana no excluye ni se sobrepone al conocimiento de la «*objetividad*» humana, sino que lo «*complementa*».

Éste fue un tema que Wojtyla expuso con gran precisión, poco antes de su elección papal, en uno de sus ensayos complementarios de 'Persona y Acción', titulado **'Persona: Sujeto y Comunidad'**, de 1976, cuando ya conocía todos los debates a que aquella obra había dado lugar en Polonia. Allí presentó los términos del debate sobre la «*subjetividad*» con la mayor crudeza.

— *"El problema de la «subjetividad» del ser humano es un problema filosófico de suma importancia en la actualidad. Tendencias divergentes disputan entre sí a su respecto en base a supuestos y orientaciones diametralmente opuestos en forma y significado. La «filosofía de la conciencia» quiere hacernos creer que ella descubrió por primera vez al sujeto humano. La «filosofía del ser» está dispuesta a demostrar que lo opuesto es verdad y que, de hecho, el análisis de la conciencia pura conduce inevitablemente a una «aniquilación del sujeto»."* * [10]

Estas duras palabras llevan a Wojtyla a internarse a continuación en la raíz misma del problema filosófico en nuestro tiempo. Y nos dice:

— *"Después de Descartes, el aspecto de la conciencia asumió eventualmente una especie de «absolutización», que en la época contemporánea entró en la fenomenología a través de Husserl. La actitud gnoseológica en la filosofía ha sustituido a la actitud metafísica: el ser se constituye en y de alguna manera a través de la conciencia.*

— *"[Mas]... la conciencia no es un sujeto independiente, aunque por medio de una cierta abstracción, o más bien de una «exclusión» – que en la terminología husserliana se llama «epoché» –, la conciencia puede ser tratada como si fuera un sujeto.*

— *"En tanto este tipo de análisis de la conciencia conserva el carácter de un «método cognitivo», puede y tiene excelentes frutos. Sin embargo, debido*

---

10 WOJTYLA, K., 'The Person: Subject and Community', 1976. 'Person and Community', pag. 219.

*a que este método se basa en la «exclusión» (epoché) del conocimiento de la realidad del ser realmente existente, no puede ser considerado como una filosofía de esa realidad y, ciertamente, «**no puede considerarse como una filosofía del ser humano, del ser humano persona**».*

— "Al mismo tiempo, sin embargo, no puede haber ninguna duda de que este método debe ser utilizado ampliamente en la «filosofía del ser humano»." * [11]

Esta cita contiene dos afirmaciones claramente coincidentes con las conclusiones de su tesis sobre Scheler, presentada veinte años antes, que debieran poner punto final a muchos debates creados artificialmente.

1° Rechaza en términos absolutos la concepción de principios de la fenomenología.

2° Acepta el uso amplio del método de Scheler, limitado a su carácter «*instrumental*» al servicio del conocimiento.

Así, definida precisamente la presencia del método fenomenológico en la convicción filosófica tomista de Karol Wojtyla, es posible apreciar la relación «*causal*» que existe entre el sujeto humano y su acción, esto es, su actividad consciente, que es el lugar preciso en que chocan la «*filosofía del ser*» y la «*filosofía de la conciencia*».

---

11 WOJTYLA, K., The Person: Subject and Community'. 'Person and Community', pag. 226.

3.3.- La causalidad de la persona

Para la «*filosofía de la conciencia*», la actividad de la persona es una «*vivencia experimental*» de lo que ocurre como una sucesión de fenómenos individuales. Eso define el contenido de la subjetividad como consecuencia del «*querer*» y del «*pensar*», pero no como efecto de la «*causalidad*» del ser humano «*existente*» real y concreto.

Por su parte, Wojtyla presenta la relación «*persona-acción*», en su significación estrictamente filosófica, recurriendo a una expresión «*escolástica*»: «**operari sequitur esse**», que explica de la siguiente manera:

> — *"Entre existir y actuar hay un estrecho vínculo que constituye el tema de uno de los más básicos principios de la comprensión del hombre. El Filósofo lo expresó en la siguiente frase: «operari sequitur esse», que podríamos expresar del siguiente modo:* **algo debe primero existir para que después pueda actuar**. *El «esse» – existencia – se encuentra en el origen de la acción y se encuentra también en el origen de todo aquello que pueda suceder en el hombre; se encuentra en el inicio de cualquier dinamismo humano."* [12]

> — *"«Operari sequitur esse» expresa también que la acción, en cuanto tal, es distinta de la existencia, en cuanto tal. Las dos totalidades: «el hombre existe» y «el hombre actúa» se diferencian entre sí realmente, aunque sea el mismo hombre*

---
12 WOJTYLA, K., 'Persona y Acción', pag. 128. Ed. Palabra.

quien existe y quien actúe. La «existencia de la acción» depende de la «existencia del hombre»; precisamente aquí se esconde el elemento básico de la «**causalidad**» y de la «causación»." [13]

Y más adelante, Wojtyla reafirmó la importancia crucial de este axioma filosófico como sigue:

— "En su concepción básica, todo el libro 'Persona y Acción' está enraizado en la premisa «operari sequitur esse»: el «acto de existencia personal» tiene su consecuencia directa en la actividad de la persona (esto es, en la acción)." [14]

-oOo-

En síntesis, estos tres elementos básicos del pensamiento de Wojtyla – 1°, su adhesión irrestricta a la «*filosofía del ser*», 2°, su rechazo tajante de la fenomenología, como concepción filosófica propia de la «*filosofía de la conciencia*» y 3°, la «*causalidad de la persona*», como fundamento básico de la ética cristiana –, constituyen una barrera infranqueable para los esfuerzos de fenomenologizar su pensamiento.

---

13 WOJTYLA, K., 'Persona y Acción', pag. 139. Ed.Palabra.

14 WOJTYLA, K., 'The Person: Subject and Community', 1976. 'Person and Community', pag. 260.

4. De Wojtyla a Juan Pablo II

La continuidad filosófica natural de Wojtyla a Juan Pablo II fue presentada por el cardenal Joseph Ratzinger, dos años antes de su propia elección papal como Benedicto XVI, en la conferencia dictada en el Congreso *Juan Pablo II: 25 años de Pontificado. La Iglesia al servicio del hombre'* de 2003.

— *"La primera encíclica, 'Redemptor hominis', es la más personal, el punto de partida de todas las demás. Sería fácil demostrar que todos los temas sucesivos ya se hallaban anticipados en ella. Todos esos temas que anticipan toda la obra magisterial del Papa, están conectados por una visión cuya dirección fundamental debemos tratar de describir.*

— *"En esa primera encíclica, 'Redemptor hominis', Juan Pablo II resumió, por decirlo así, los «frutos» del camino recorrido hasta entonces en su calidad de «pastor» de la Iglesia y como «pensador» de nuestro tiempo."* [15]

Esto lo confirmó el propio Juan Pablo II al decir:

— *"El contenido de la encíclica 'Redemptor hominis' lo traje conmigo desde Polonia."* [16]

---

15 RATZINGER, J., 'Las 14 encíclicas del Santo Padre Juan Pablo II'.

16 JUAN PABLO II. 'Memoria e Identidad', pag. 16.

Y no sólo eso. Juan Pablo II trajo también desde Polonia su filosofía: la «*metafísica del ser existente*», a partir del valor que asigna a la expresión escolástica «*esse*» («*existencia*» en el sentido filosófico de «**actus essendi**» o «*acto de existir*»). Ella ocupa un lugar central en el pensamiento del Pontífice, derivado precisamente del pensamiento definido en KUL desde mediados de la década de los 50s.

Un buen ejemplo de ello es que tal visión pasó intacta a la perspectiva filosófica papal que expuso, al cabo del primer año de su pontificado, en el llamado '*Discurso Angelicum*', de 1979, con motivo de celebrarse el primer centenario de la encíclica 'Aeterni Patris', del Papa León XIII.

— "*7. ¿Acaso se deberá temer que la adopción de la filosofía de Santo Tomás haya de comprometer la justa pluralidad de las culturas y el progreso del pensamiento humano? Semejante temor sería manifiestamente vano, porque la "filosofía perenne", en virtud del principio metodológico, según el cual toda la riqueza de contenido de la realidad encuentra su fuente en el "**actus essendi**", tiene, por así decirlo, anticipadamente el derecho a todo lo que es verdadero en relación con la realidad. Recíprocamente, toda comprensión de la realidad —que refleje efectivamente esta realidad— tiene pleno derecho de ciudadanía en la "filosofía del ser", independientemente de quien tiene el mérito de haber permitido este progreso en la comprensión, e independientemente de la escuela filosófica, a la que pertenece. Las otras* *corrientes filosóficas, por tanto, si se las mira desde este punto de vista, pueden, es más, deben ser consideradas como aliadas naturales de la filosofía de Santo Tomás, y como socios dignos de atención y de respeto en el diálogo que se desarrolla en presencia de la realidad y en nombre de una verdad no incompleta sobre ella."* [17]

Como se ve, esta cita de Juan Pablo II describe exactamente la concepción «*tomista existencial*» desarrollada en la Facultad de Filosofía de KUL.

Sin embargo, para la conspiración, las referencias a este discurso, como a cualquier otro documento que exprese la convicción tomista del Pontífice, como es el caso específico de sus grandes encíclicas '*Veritatis Splendor*', de 1993, y '*Fides et Ratio*', de 1998, no merecen consideración por tratarse de documentos *"magisteriales"*, en los que el Papa no habría expresado su convicción personal, sino que, de hecho, se habría sentido más bien obligado a acomodarla, a fin de «*someterse*» a la autoridad y tradición de la Iglesia.

No es ésta, por cierto, la visión de quienes compartieron con Wojtyla en KUL y luego lo acompañaron en su experiencia papal, como es el caso de Mieczyslaw A. Krepiec O.P. – uno de los fundadores de la Escuela de Filosofía Clásica de Lublín –, quien, posteriormente, fue por muchos años Rector de la Universidad.

---

17 JUAN PABLO II, Discurso al Pontificio Ateneo «Angelicum».

— "*Karol Wojtyla, en el momento de escribir esto, el Papa, fue profesor de filosofía en la Universidad Católica de Lublín durante veinticuatro años. Mientras era profesor trabajó en conjunto con los demás en el desarrollo de los problemas del hombre y su conducta. Puso especial énfasis en la persona humana y tuvo una visión particularmente importante de la problemática del hombre, una problemática ampliamente discutida en el seno de Lublín. Ciertamente, hay una continuidad entre su pensamiento de hoy y sus análisis de entonces. Como cabeza de la Iglesia, su enseñanza se centra precisamente en el hombre, que según su visión "es el camino de la Iglesia". Por eso es que tenemos encíclicas dedicadas al hombre, a su obra, a sus sufrimientos y a su destino. Éstas pueden ser reconocidas como una particularmente importante contribución teórica del pensamiento de Polonia a la cultura mundial en su conjunto. Esto no ocurrió en el vacío o sin preparación aquí en Polonia.*" * [18]

---

18 KRAPIEC, M.A. 'Understanding Philosophy', online.

II

'OSOBA I CZYN' – 'PERSONA Y ACCIÓN'

El problema: El propósito de reducir la antropología de Wojtyla a su libro 'Persona y Acción'

Supuesta la separación de Wojtyla, «*el filósofo*», de su condición sacerdotal, la conspiración desciende a un *segundo nivel*, en el que centra toda la atención en su obra antropológica principal 'Osoba i Czyn' ('Persona y Acción'), publicada en 1969, considerándola como expresión directa de su aceptación de la fenomenología y, en consecuencia, como criterio principal de definición de toda su obra.

Se fundan en que el propio Wojtyla reconoció expresamente la presencia de la fenomenología en la traducción inglesa *'The Acting Person'* de su libro 'Persona y Acción', en los siguientes términos:

— *"El autor de este estudio se declara deudor de los sistemas de la metafísica, de la antropología y la ética aristotélico-tomista, por una parte, y, por otra, de la fenomenología, sobre todo en la interpretación de Scheler..."* * [19]

La referencia a la *"interpretación de Scheler"* corresponde precisamente al «*método fenomenológico*» cuya amplia aplicación Wojtyla cree conveniente y necesaria, al mismo tiempo que rechaza de plano la fenomenología, según hemos visto a propósito de su tesis de habilitación y de su posición frente a la fenomenología como «*filosofía de la conciencia*».

En otras palabras, aprovechando – de mala fe – el hecho simple y directo de la aceptación «*parcial*» del método fenomenológico de Max Scheler – como *"«auxiliar» para un estudio científico sobre la ética cristiana»"* –, los conspiradores pretenden extender esa aceptación a la totalidad de la fenomenología, no obstante la claridad de las palabras de Wojtyla:

— *"Con este método descubrimos el bien y el mal moral, pero, en cambio, no podemos definir de ninguna manera el principio objetivo por el que un acto de la persona es éticamente bueno y otro malo. Para fijar tal principio* **tenemos que abandonar el método fenomenológico... [y] acudir al método metafísico,** *que nos permite*

---

19 WOJTYLA, K., 'The Acting Person' pag. xiv.

definir el orden cristiano revelado del bien y del mal moral a la luz de un principio objetivo; nos permite definirlo y motivarlo de un modo a la vez filosófico y teológico." [20]

1. Los primeros desacuerdos

Como dijera el propio Wojtyla, el libro 'Persona y Acción' nació *"limitado a un reducido número de lectores por el idioma original de composición"* [21], lo que en ningún caso significa que haya pasado inadvertido. Más bien todo lo contrario, dado que de inmediato provocó innumerables desacuerdos interpretativos en el ámbito académico, particularmente en la misma Facultad de Filosofía de la Universidad Católica de Lublín, que fueron canalizados a un debate celebrado el 16 de diciembre de 1970 en dicha Facultad.

Ese día, la importancia y magnitud del debate oral condujo a la decisión de publicar las diversas posiciones, lo que significó dar la oportunidad a los participantes para que concretasen presentaciones escritas que, en definitiva, fueron publicadas en la revista Analecta Cracoviensa en una edición especial de 1973-74.

A ellas se agregó un «*epílogo*» en el que Karol Wojtyla resumió su aprecio por lo que esa confrontación de ideas significaba para el progreso

---

20 WOJTYLA, K., 'Max Scheler y la Etica Cristiana'. pag. 217.

21 WOJTYLA, K., 'The Acting Person'. Prefacio, pag. vii.

del tratamiento del tema de la persona humana, así como sus puntos de vista respecto de los acuerdos y desacuerdos allí manifestados.

Más adelante, Wojtyla dio a conocer 'Persona y Acción' – por primera vez fuera de Polonia – en el Congreso Internacional conmemorativo del séptimo centenario de Santo Tomás de Aquino, celebrado en Roma y Nápoles del 17 al 24 de abril de 1974, al que nos hemos referido más arriba a propósito de su «*creatividad filosófica*».

Y en los años siguientes, Wojtyla – que ya comenzaba a ser conocido en círculos intelectuales europeos, tanto por su condición de Cardenal, como por su creatividad filosófica – presentó y publicó otros ensayos, principalmente de carácter antropológico, en los que explica y desarrolla aspectos específicos de su obra principal, con los que contribuyó a dar forma definitiva a «*su visión antropológica integral*», tema que veremos en detalle más adelante, dada su destacada significación en el contexto de la falsificación de sus ideas.

2. La traducción al inglés

A raíz de la presencia de la fenomenología en el pensamiento de Wojtyla, la filósofa fenomenóloga polaca-americana Anna-Teresa Tyemieniecka – fundadora y presidenta del Instituto Mundial de Fenomenología y editora de la colección de libros Analecta Husserliana publicada en los Estados Unidos – le propuso traducir 'Persona y Acción' al inglés, en calidad de editora filosófica, a lo que Wojtyla accedió gustoso.

Como deja constancia la Nota Editorial de la traducción inglesa, el original polaco fue objeto de múltiples modificaciones formales, discutidas y acordadas en idioma polaco entre el Cardenal Wojtyla y A-T. Tyemieniecka, desde comienzos de 1975 hasta abril de 1978. [22]

La traducción misma fue realizada por el traductor polaco Andrzej Potoki y, una vez conocida por Wojtyla, fue presentada a la editora para su publicación, que se concretó en 1979 bajo el título *'The Acting Person'*, varios meses después de la elección de Wojtyla como Papa Juan Pablo II.

2.1. *'The Acting Person' y sus problemas*

La publicación de la obra derivó en numerosos problemas, que podemos resumir como sigue:

a) En primer lugar, destaca un hecho que creó grandes confusiones: el original polaco, modificado específicamente para dicha traducción, sólo fue publicado seis años más tarde, en 1985, lo que, obviamente, significó que durante los primeros seis años, la fidelidad de la traducción inglesa a su original polaco sólo pudo analizarse, en la generalidad de los casos, en relación al original Osoba i czyn' de 1969 que, obviamente, no contenía ninguna de las "*novedades*" de la traducción inglesa, a saber:

---

22 WOJTYLA, K., 'The Acting Person', pag. xiii.

1°, la subdivisión de las secciones de cada capítulo en sub-secciones con nuevos títulos descriptivos de sus contenidos,

2°, la adición de 76 notas al pie de página, escritas por Wojtyla, y

3°, las numerosas variaciones editoriales *"en alrededor de 900 lugares"*, correspondientes a *"cambios estilísticos y modificaciones formales y estructurales del texto"*. [23]

En tales condiciones resultaron inevitables – aunque, de hecho, generalmente injustificadas – las descalificaciones del libro por su falta de fidelidad al original. Lamentablemente, aquí es necesario aceptar que el daño causado a la imagen de 'The Acting Person', por la tardía publicación del original polaco traducido, se ha mantenido vivo hasta el presente, particularmente, como veremos más adelante, desde el punto de vista de la conspiración que nos ocupa.

b) El segundo problema grave se originó en la presentación *"editorial"* del libro, destinada a destacar la «*identidad*» del autor con la fenomenología, en la que sobresalen los siguientes aspectos:

1°. El cambio del título, que, debiendo ser traducido como 'Person and Action' o 'Person and Act', lo fue como 'The Acting Person' (La Persona en acción o La Persona actuante), con lo que se cambia

---

23 WOJTYLA, K., 'Osoba i czyn oraz inne studia antropologiczne'. pag. 49

la visión de la persona como «*causa de la acción*», por la visión de la acción como «*determinante de la persona*».

2°. La traducción al inglés corriente de algunas expresiones latinas escolásticas, como *suppositum, esse* y otras, que destacan por sí mismas el carácter tomista de la obra.

3°. La pretensión de la editora de figurar como «*coautora*» del libro, lo que, además, le permitió presentar la traducción inglesa como si fuese la *"versión definitiva"* de la obra, en lugar de una «*traducción de la versión definitiva*» de la obra.

c) El tercer problema – con el que se relaciona directamente este trabajo – deriva de la presencia de ciertos «*apetitos intelectuales inescrupulosos*», si así se los puede llamar, que han procurado obtener ventajas de diverso tipo, en atención a que el autor del libro ya no es sólo un filósofo casi desconocido, como tantos que circulan en Europa, sino un líder religioso de estatura mundial, con el que resulta de toda conveniencia aparecer de acuerdo.

2.2. Las traducciones de la traducción inglesa.

Entre los aspectos positivos de la traducción 'The Acting Person' – unido a las dificultades de realizar traducciones directas del polaco – se encuentra el hecho de haber servido de fuente a *sub-traducciones* a otros idiomas europeos, a fin de facilitar la expansión del conocimiento de la filosofía de Juan

Pablo II. Tal parece haber sido la justificación más razonable de que la Librería Editorial Vaticana haya autorizado, en los años inmediatamente siguientes, traducciones de esa versión inglesa a otros idiomas, destacando las traducciones al italiano y al alemán, en 1981, la traducción al español, en 1982, y la traducción al francés, en 1983.

Lamentablemente, tal propósito de difusión se ha visto afectado por quienes han puesto en tela de juicio el hecho de tratarse de traducciones de una traducción y no de traducciones directas del polaco. En particular, éste es el argumento básico de quienes afirmaban la «*necesidad*» de una nueva traducción directa del polaco – esta vez "*correcta*" –, proposición ligada directamente a la traducción italiana *'Persona e Atto. Testo polacco a fronte'* de 1999.

2.3. La misión de la Librería Editorial Vaticana

En este contexto de profundas disputas en torno a las traducciones del pensamiento de Wojtyla, se debe tener muy presente que inmediatamente después de su elección como Papa – demostrando estar perfectamente consciente del atractivo que despertarían sus obras previas a su elección –, Juan Pablo II dio instrucciones precisas que se concretaron en el Decreto del 27-28 de Noviembre de 1978 – apenas cuarenta días después de su elección – que establece:

— *"Se informa que la Librería Editorial Vaticana, en su calidad de editor oficial de la Santa Sede, además de la tradicional obligación de proteger los escritos y discursos de los Papas y las publicaciones relativos a los actos de la Santa Sede, ha sido encargada de proteger los escritos del cardenal Karol Wojtyla. No pueden, por tanto, hacerse publicaciones, traducciones o reproducciones en cualquier forma, gráficas o fónicas, de sus escritos y discursos, sin la autorización expresa de la citada Librería Editorial Vaticana, de conformidad con los acuerdos y leyes internacionales sobre los Derechos del Autor, y sujeto a la derechos otorgados anteriormente.(Librería Editorial Vaticana. El O.R. 27 a 28 noviembre 1978)".* [24]

Esto significó:

1° Que Juan Pablo II cerró definitivamente su participación en asuntos relativos a sus obras, por ser ajenos a su pontificado;

2° Que, por eso, y en ese mismo momento, 'Osoba i Czyn', dejó de ser susceptible de modificaciones de fondo, tarea que sólo incumbe a su autor, y

3° Que, consecuentemente, la segunda versión polaca, editada originalmente para su traducción al inglés, no puede tener un registro del Derecho de Autor posterior al de la publicación de esa traducción, esto es, a 1979.

Esto aparece confirmado, por ejemplo, en las reediciones de la traducción italiana 'Persona e Atto. Testo polacco a fronte', de los años 2001 y

---

24 La Santa Sede. Libreria Editrice Vaticana.

2005, que incluyen, lado a lado, la edición polaca de 1985 y el texto italiano, presentando el registro de ambos Derechos de Autor, polaco e italiano, respectivamente, como sigue:

© *1979 Libreria Editrice Vaticana, Città del Vaticano*

© *2001 R.C.S. Libri S.p.A., Milano*

Así, pues, no puede caber duda alguna de que el único original polaco de 'Osoba i Czyn' susceptible de ser reeditado y/o traducido a otros idiomas, es la segunda edición polaca de 1979, que sólo vino a ser publicada como tal en 1985. De allí que todas sus traducciones – todas y sin excepciones –, sean directas del polaco o traducciones de la traducción al inglés de 1979 o eventualmente de otras traducciones, provienen directa o indirectamente de la *'versión definitiva'* de 1979.

A esto se debe agregar, además, que Juan Pablo II no tuvo ninguna intervención en las reediciones de la versión definitiva ni en las autorizaciones de traducciones posteriores, por el simple hecho de no disponer ni de la voluntad de hacerlo, ni del ejercicio del derecho de autor correspondiente, que traspasó a la Librería Editorial Vaticana.

3. Las definiciones básicas del libro

Junto con la presentación de la primera traducción de su obra 'Persona y Acción', Karol Wojtyla dio a conocer también los criterios fundamentales que definen su sentido y significación filosófica, lo que hizo en el *'Prefacio' de 'The Acting Person'*, según vemos a continuación. [25]

1°. La realidad «existencial» del ser humano

El primero de esos criterios corresponde al propósito de fundar su estudio en la realidad «*existencial*» del hombre.

— *"...He tratado de hacer frente a los principales problemas concernientes a la «vida», la «naturaleza» y la «existencia» del ser humano – con sus limitaciones, así como con sus privilegios –, directamente como se presentan al hombre en su lucha por sobrevivir, mientras mantiene la dignidad del ser humano. Estas luchas del ser humano se reflejan en las luchas del propio autor, que ha intentado en el presente trabajo desentrañar el aparato subyacente de las actividades del hombre, que pueden conducir a sus victorias o sus derrotas; sólo como tal debe ser visto este libro."* *

2°. El rechazo del post-cartesianismo

El segundo criterio, complementario del anterior, incide directamente en el plano especulativo. En él, Wojtyla presenta su desacuerdo fundamental con la filosofía post-cartesiana.

— "Nuestro enfoque va «**en contra**» de otra de las tendencias de la filosofía moderna. Desde Descartes, el conocimiento sobre el hombre

---

25 WOJTYLA, K., 'The Acting Person', pag. vii

> *y su mundo se ha identificado con la función cognitiva – como si sólo en la cognición, y en especial a través del conocimiento de sí mismo, el hombre pudiera manifestar su naturaleza y sus prerrogativas. Y, sin embargo, en la realidad, ¿se revela el hombre en el pensamiento o, más bien, en el ejercicio actual de su existencia?*
>
> — *"De hecho, es en la «**reversión**» de la actitud post-cartesiana hacia el hombre que emprendemos nuestro estudio: aproximándonos a él a través de acción."* *

Nótese la estructura de este último párrafo: *"la aproximación al hombre a través de la acción"* importa un rechazo directo del post-cartesianismo, es decir, de la «*filosofía de la conciencia*». Esto contradice abiertamente el argumento de los conspiradores destinado a demostrar que es precisamente esa *"aproximación a través de la acción"* la que identifica a Wojtyla con la «*filosofía de la conciencia*».

Es en este contexto de rechazo al cartesianismo que Wojtyla reconoce la influencia de la obra del fenomenólogo Max Scheler en su reflexión a propósito de 'Persona y Acción', aunque sin entrar en detalles, sino limitándose a sugerir al lector consultar *"el fundamento 'scheleriano' estudiado en mis trabajos precedentes"*.

En tales trabajos, Wojtyla analiza en profundidad el pensamiento de Scheler, tanto en sus aspectos «*positivos*» (específicamente, su original aplicación del método fenomenológico al conocimiento de la «*experiencia vivencial*» de la persona), como «*negativos*» (principalmente, su rechazo de la «*eficacia personal*», es decir, del poder de la persona de ser la «*causa eficiente*» de sus actos, así como del carácter «*normativo*» de la ética, ambos determinantes de la responsabilidad personal sobre el bien y el mal de tales actos).

3°. *La concepción aristotélica de la acción*

El tercer criterio rector del libro 'Persona y Acción' – su dinámica en procura de «**la unidad del ser humano**» – Wojtyla lo presenta como sigue:

— *"En nuestros días, cuando la diferenciación de las cuestiones relacionadas con el hombre ha llegado a su cúspide – introduciendo las divisiones más artificiales en el corazón de los problemas – es la "unidad del ser humano" la que parece imprescindible investigar. De hecho, a pesar de los esfuerzos fundamentalmente «schelerianos», y en general «fenomenológicos», conducentes a la cognición del hombre, esta unidad, su base, así como su manifestación primordial, todavía están ausentes en la concepción filosófica actual del hombre —, mientras que en el pensamiento tradicional «aristotélico» era la propia concepción del «acto humano», la que fue vista como la manifestación de la unidad del hombre, así como su fuente. Parece, pues, que, al introducir aquí la aproximación al hombre a través de la acción, podremos alcanzar los conocimientos necesarios de la unidad del ser humano."* *

La importancia de esta «*aproximación a la unidad del ser humano a través de la acción*" – como método de investigación – radica en que Wojtyla no se embarca en una especie de aventura filosófica expuesta a resultados inesperados, renunciando a la concepción objetiva del hombre, propia de la tradición aristotélica que le es familiar, sino que la «*presupone*» como contexto filosófico preexistente.

4. La «antropología integral» de Wojtyla

Con la publicación de la tercera edición polaca de 1994, 'Persona y Acción' adquirió una nueva dimensión que bien puede considerarse como la culminación de su desarrollo pleno.

Ese año, una comisión de filósofos y académicos polacos, integrada por Tadeusz Styczen, Wojciech Chudy, Jerzy W. Galkowski, Adam Rodzinski y Andrzej Szostek, editó la tercera edición polaca de 'Osoba i Czyn' (Persona y Acción), transcrita de la segunda edición definitiva de 1985, junto a otros ocho estudios de Wojtyla que la complementan, bajo el título **'Persona y Acción y otros Estudios Antropológicos'**. [26]

El libro contiene dos Notas Editoriales, ambas del Editor científico Wojciech Chudy: una correspondiente al libro, como tal, que explica la confluencia de 'Persona y Acción' y los estudios antropológicos que la complementan, y la otra, específica de la obra 'Persona y Acción', que se preocupa principalmente de explicar los cambios

---

26 WOJTYLA, K., 'Osoba i czyn oraz inne studia antropologiczne' ('Persona y Acción y otros Estudios Antropológicos').

incorporados a la edición de 1985, con relación al original de 1969, es decir, los cambios realizados para efectos de su traducción al inglés de 1979.

La primera Nota Editorial presenta con gran precisión el sentido y propósitos de la tercera edición.

— *"Esta tercera edición de la principal obra antropológica de Karol Wojtyla, coincide con el decimoquinto aniversario desde que el autor se sentó en el trono de San Pedro. Esos quince años del pontificado de Juan Pablo II crearon un especial interés en este proyecto, teniendo en cuenta la posición central, entre los temas de su pontificado, de la cuestión de la persona humana. Una prueba elocuente de dicha posición es la más reciente encíclica papal Veritatis Splendor, cuya publicación está también en línea con nuestra conmemoración del evento.*

— *"La necesidad de una revisión completa, equipada con instrumental científico, de la obra Persona y Acción se impuso durante muchos años. Este volumen, con base en la edición de Persona y Acción de 1985, incluye un complemento cuyo objetivo es presentar la antropología filosófica de Karol Wojtyla en su forma más completa.*

— *"El título extendido de esta edición – Persona y acto y otros estudios antropológicos – plantea una serie de adiciones que acompañan al texto de la obra principal en conformidad a sus méritos de complementación. En la sección*

> *'Otros estudios antropológicos' figuran 8 textos de Karol Wojtyla desde 1964 a 1978 que se refieren a problemas de la persona y de la acción y su desarrollo, que especifican y aclaran. La mayoría de estos artículos y discursos se refieren directamente a 'Persona y Acción', considerando algunos de sus aspectos a manera de desarrollo o explicación."* * [27]

Por su parte, la Nota Editorial específica de 'Persona y Acción' no se refiere a su contenido, sino que luego de destacar que la tercera edición transcribe el texto de la segunda edición de 1985 que, como sabemos, reproduce el original polaco traducido al inglés en 1979, se detiene a describir los cambios incorporados en relación a la primera edición de 1969, mencionados más arriba a propósito de la traducción inglesa 'The Acting Person'.

4.1. Los "otros estudios antropológicos"

Los estudios antropológicos complementarios de 'Persona y Acción' son los siguientes:

1. *'Epílogo de la discusión sobre Persona y Acción'*. Publicado en Analecta Cracoviensa 1973-74.

2. *'Persona: Sujeto y Comunidad'*. Publicado en la revista polaca Roczniki Filozoficzne (Anales Filosóficos) en 1976

3. *'El hombre es una Persona'*. Discurso

---

27 WOJTYLA, K., 'Persona y Acción y otros Estudios Antropológicos', pag. 7.

transmitido en polaco en la Radio Vaticana el 19 de Octubre de 1964, durante el desarrollo del Concilio Vaticano II.

4. *'La Estructura Personal de la Autodeterminación'*. Presentación al Congreso celebrado en Roma y Nápoles, del 17 al 24 de Abril de 1974, para conmemorar el 700 aniversario de Santo Tomás de Aquino.

5. *'La Subjetividad y lo Irreductible en el Ser Humano'*. Ponencia enviada a una Conferencia Internacional realizada en París en Junio de 1975.

6. *'¿Participación o alienación?'*. Ensayo presentado a la Cuarta Conferencia Internacional de Fenomenología, realizada en Friburgo, Suiza, en Enero de 1975.

7. *'Teoría - praxis: un tema humano y cristiano'*. Conferencia inaugural al Congreso Internacional «Teoría y Praxis», realizado en Génova y Barcelona en septiembre de 1976.

8. *'La Trascendencia de la Persona en la Acción y la Auto-teleleogía Humana'*. Ponencia presentada al VI Congreso Internacional de Filosofía en Arezzo-Siena en Junio de 1976.

¿Cuál puede haber sido el propósito de Wojtyla al presentar con tanta insistencia sus estudios antropológicos?

Parece obvio que, en atención a que frecuentemente se afirmaba que los debates en torno a 'Persona y Acción' ponían en tela de juicio aspectos centrales de su filosofía, el origen de estos estudios se encuentra en la intención de Wojtyla de participar en esas discusiones con el propósito específico de rebatir errores, clarificar ideas y presentar mayores antecedentes para ser comprendido.

Al respecto, él mismo señaló en varios de ellos, como criterio de justificación, su carácter complementario de 'Persona y Acción'.

• En 'La Estructura Personal de la Autodeterminación' (1974): *"El problema de la estructura personal de la autodeterminación se encuentra en el corazón mismo de mi estudio 'Persona y acción'."*

• En '¿Participación o Alienación?' (1975) *"Estas observaciones se relacionan con mis reflexiones anteriores en el ámbito de la antropología filosófica, sobre todo a aquellas que encuentran expresión en mi libro 'Osoba i czyn' (Persona y Acción'), que aún no ha sido traducido del polaco."*

• En 'Persona: Sujeto y Comunidad' (1976): *"Todas las reflexiones que presentaré aquí se refieren y tienen sus raíces en mi libro 'Persona y Acción'."*

• En 'La trascendencia de la persona en la acción y la auto-teleología del hombre" (1976): *"Al destacar el problema de la auto-teleología del hombre, emprendo un nuevo intento de desarrollar conceptos contenidos en mi estudio 'Persona y Acción'."*

Esto significa, además, que los referidos estudios antropológicos complementarios han pasado a una condición en la que ya no es posible asignarles un valor parcial y aislado de carácter secundario, ni menos llegar al extremo de descalificarlos, como, por desgracia, también ha ocurrido.

Por último, la dinámica de estos hechos conduce a considerar a 'Persona y Acción' no tanto como una obra singular, fechada en un día determinado, sino más bien como parte central de un proceso de enriquecimiento y perfeccionamiento continuo de la antropología filosófica de Karol Wojtyla, en la que no es posible desechar ningún aspecto, incluidos, ciertamente, los desarrollados posteriormente en sus obras magisteriales al respecto.

III

LA RAÍZ FILOSÓFICA DEL PROBLEMA

El problema: El propósito de subordinar el pensamiento de Wojtyla a la fenomenología

El origen del problema se encuentra – como quedó en evidencia desde el momento mismo de la publicación en 1969 de 'Osoba i czyn' ('Persona y Acción') –, en la existencia de desacuerdos filosóficos, principalmente en torno a la «**metodología**» usada por Wojtyla, al definir su libro como *"un estudio de la persona a través de la acción"*, lo que implicaba, como él mismo lo señaló en múltiples ocasiones, una conexión directa con la fenomenología. [28].

En tal contexto, y en relación directa con el propósito de identificar la filosofía de Wojtyla con su obra 'Persona y Acción', a los fenomenólogos les ha parecido lógico argumentar que, si el método fenomenológico «*define*» la filosofía de Wojtyla en su obra principal, bien se puede concluir que eso debe entenderse respecto de toda su obra.

---

28 WOJTYLA, K., ' Persona y Acción', Ed. Palabra, pag. 42.

Esto, sin embargo, puede llevar a conclusiones muy diversas, dependiendo del sentido que adquiere la argumentación a partir de diferentes supuestos, como los que conducen a las «*interpretaciones*» de orden crítico, o a las «*tergiversaciones*» alcanzadas fuera de contexto, o a los «*cambios de las ideas*» por medio alteraciones textuales o «*falsificaciones*» de la visión filosófica de Karol Wojtyla. Veamos algunos ejemplos.

1. El rol de las interpretaciones

Mediante sus interpretaciones de la filosofía de Wojtyla, la conspiración procura traer a la luz su identidad con la fenomenología.

Comencemos por aceptar como un hecho objetivo, propio de la naturaleza de la filosofía, que el pensamiento de todos los filósofos ha sido, es y será siempre objeto de interpretaciones filosóficas contrapuestas, dependiendo de los puntos de vista de principios de quienes los analizan o critican. Como Wojtyla no es una excepción, la existencia de tales interpretaciones de su pensamiento es algo perfectamente legítimo y normal, en la medida que queda claramente establecido el punto de vista o, más precisamente, el «*sistema de referencia filosófica*» de cada intérprete. Así, por ejemplo, un fenomenólogo que interpreta a Wojtyla debe comenzar por decir que su punto de vista es fenomenológico, pues nadie está sentado en el trono de la «*equidad intelectual*» como para omitir ese requisito ineludible.

Veamos dos casos de interpretación de la filosofía de Wojtyla a cargo de pensadores que, sin decirlo expresamente, se identifican – atendidos los términos de sus presentaciones –, con el cartesianismo y con la fenomenología, respectivamente.

CASO 1.- Wojtyla visto desde la perspectiva de Descartes.

En el prólogo de la traducción española de 'Persona y Acción' de Ediciones Palabra, 2011, su editor, el profesor Juan Manuel Burgos, nos dice:

— *"Para Karol Wojtyla, el hombre es persona, es decir, un «quien», porque posee una estructura de autodeterminación en relación con la verdad. Esta estructura sólo se hace efectiva en la acción. Por lo tanto, no es posible «**descubrir**» que el hombre es persona, es decir, un «quien» capaz de autodeterminarse, más que a través del análisis de la acción. Otras aproximaciones permitirán comprenderle como «**naturaleza racional**», pero siempre como un «que», no como un «quien» dueño de sí mismo."* [29]

Desde la perspectiva de Wojtyla, esto corresponde exactamente a la visión del idealismo cartesiano.

---

29 BURGOS, J. M., Prólogo a 'Persona y Acción', pag. 19. Ediciones Palabra.

— *"Una característica distintiva de la visión de Descartes es la «división» del ser humano en una «sustancia extensa» (el cuerpo) y una «sustancia pensante» (el alma), que se relacionan entre sí de manera paralela «**sin formar un todo indivisible**».* * [30]

En claro acuerdo con esto, la interpretación de Burgos presenta al ser humano conforme a esas dos realidades paralelas, autónomas e independientes: una es la «*persona*», que se identifica como un «*quien*», es decir, como un «*sujeto*» – el alma o *"sustancia pensante"* de Descartes –, y la otra es el «*hombre*», que se identifica como un «*que*», es decir, como «*algo material*» – el cuerpo o *"sustancia extensa"* de Descartes – que **no es una persona, porque no es** *"un «quien» dueño de sí mismo"*.

Obviamente, si se acepta esta división cartesiana, es perfectamente legítimo argumentar –siguiendo la coherencia interna de tal concepción –, que la subjetividad humana sería la «*única vía*» de *"descubrir"* que un hombre es una persona. Sin embargo, **el problema comienza cuando se afirma que tal es la posición filosófica que Wojtyla** presenta en 'Persona y Acción'.

Desde luego, la posición de Wojtyla, como sacerdote y teólogo, es que el ser humano es una «*unidad indivisible de cuerpo y alma*». Consecuentemente, su posición filosófica al respecto

---

30   WOJTYLA, K., 'Thomistic Personalism'. 'Person and Community', pag. 169.

no puede contradecir esa verdad doctrinal. Por eso dice:

— *"Decir que el ser humano es un **ser racional** es decir también que el ser humano es una persona. **El ser humano es una persona por naturaleza**."* [31]

Así, al afirmar la identidad «hombre-persona», Wojtyla deja establecido como principio básico fundamental de su visión filosófica el carácter «*unitario*» del ser humano.

De esto se desprende, consecuentemente, que, por ejemplo, para Wojtyla, el uso amplio que propone del método fenomenológico debe «*presuponer*» – necesariamente – la unidad del «*hombre-persona*», lo que es exactamente lo contrario de lo que le atribuye el profesor Burgos.

Dicho de otra manera, antes de escribir la primera palabra de su libro 'Persona y Acción', aceptando la influencia de Scheler, Wojtyla ya había "*descubierto*", en su primer año de estudios metafísicos como seminarista clandestino, que es de toda evidencia que la «*persona*» no puede ser otra que ese ser objetivo, real y concreto que Aristóteles definió como "*animal racional*".

Es más, si regresamos por un momento a los criterios definitorios de 'Persona y Acción' presentados en el Prefacio de la traducción inglesa, recordaremos

---

31 WOJTYLA, K., 'La Naturaleza Humana, Base de la Formación Ética', 1959. En 'Person and Community', pag. 97.

que Wojtyla reconoció allí una relación directa del «*actus humanum*» aristotélico con su *"aproximación al hombre a través de la acción"*, como medio de *"alcanzar los conocimientos necesarios de la unidad del ser humano"*. [32]

De este modo, dicho más precisamente, es claro que la aproximación de Wojtyla al hombre *"a través de la acción"* **no es cartesiana, sino aristotélica.**

CASO 2.- Wojtyla visto desde la perspectiva del «epoché» fenomenológico.

He aquí la interpretación de Tadeusz Styczen:

— *"El postulado metodológico ateórico de Wojtyla, radicalmente el punto de partida experimental, se refiere no sólo a la Ética, sino* **a la Filosofía en general:**

— *"Hay que experimentar.*

— *"Hay que empezar desde la «experiencia» de lo que es, de lo que existe, tal como es, como se manifiesta, sin ninguna condición «a priori» superpuesta, ni en la experiencia, ni en el desarrollo de la misma."* [33]

---

32 WOJTYLA, K., 'The Acting Person', Prefacio.

33 STYCZEN, T. 'Karol Wojtyla: Filósofo-Moralista', pag. 127. 'Mi Visión del Hombre'. Palabra, 1997

Nótese que Styczen se refiere a la *"experiencia de la realidad"* y no a la «*realidad en sí misma*», distinción de gran importancia para entender el carácter «*subjetivista*» de su posición. En efecto, es de toda evidencia, por ejemplo, que «*experimentar el frío y el calor*» **no es el frío ni el calor**, sino una determinada percepción del frío y el calor, dependiente de la individualidad de cada cual. La realidad humana, así como la realidad del frío y el calor, «*existen*» desde antes, como precondición ineludible de su «*vivencia experimental*» por el ser humano.

De este modo, Styczen está atribuyendo a Wojtyla, como *"punto de partida de toda su filosofía"*, el llamado «*epoché*» fenomenológico, que consiste precisamente en excluir del razonamiento filosófico toda consideración de la realidad objetiva y concreta del ser humano y de su contexto, para reemplazarla por la mera «*vivencia experimental*» de lo que «*ocurre*», como una sucesión de «*fenómenos*» sin agente causal. Su único punto de atención es, pura y simplemente, «*lo que sucede*».

Frente a esta interpretación subjetivista extrema de la experiencia, Wojtyla «*presupone*» – es decir, acepta «*a priori*» como «*condición*» ineludible – la presencia del sujeto «*ontológico*», es decir, del ser humano racional, real y concreto, sin el cual el método fenomenológico no tiene valor filosófico. Recordemos sus palabras.

— *"Debido a que este método fenomenológico se basa en la «exclusión» («epoché») del conocimiento de la realidad del ser realmente existente, no puede ser considerado como una filosofía de esa realidad y, ciertamente, **no puede considerarse como una filosofía del ser humano,** del ser humano persona."* * [34]

Así, pues, Wojtyla no puede estar más lejos de considerar que el «*método fenomenológico*», en su carácter instrumental al servicio del conocimiento de la «*subjetividad*» humana, sea de *"aplicación general a la filosofía"*. Por eso, el razonamiento de Styczen, cualquiera sea su validez fenomenológica, no es aplicable a la visión filosófica de Wojtyla, que tiene como punto de partida la realidad existencialmente considerada, en sí misma, **independientemente de si se experimenta o no.**

2. El rol de las tergiversaciones

Al margen de las interpretaciones de carácter fenomenológico del pensamiento de Wojtyla que, siendo legítimas no son necesariamente correctas, también se da el caso de aquellas presentaciones de su pensamiento que lo «*tergiversan*» mediante el procedimiento habitual de utilizar citas «*fuera del contexto en que fueron escritas*».

---

34 WOJTYLA, K., The Person: Subject and Community'. 'Person and Community', pag. 226.

En otras palabras, es posible que las citas de sus palabras sean auténticas, pero al sacarlas del contexto en que fueron escritas, excluyen a conveniencia todo aquello que condiciona o determina su significación propia y auténtica.

Así, por ejemplo, si se comparan los contenidos de los estudios antropológicos complementarios de 'Persona y Acción' con las conclusiones del ya citado profesor Burgos, así como las del profesor mexicano Rodrigo Guerra, también reconocido ampliamente como experto en Wojtyla, se verá que presentan diferencias irreconciliables.

CASO 1.- Sobre la posibilidad de una «fusión» del Tomismo y la Fenomenología.

El profesor Burgos, en relación directa con la «*coexistencia*» en el pensamiento de Wojtyla del tomismo y del método fenomenológico según Scheler, afirma:

— *"Persona y acción responde al objetivo de «fundir tomismo y fenomenología» en una nueva formulación antropológica de cuño personalista... Este planteamiento procede de la necesidad de «integrar» las filosofías del ser y de la conciencia o, de modo más concreto, de «unificar» tomismo y fenomenología, porque sólo de la fusión de ambas podía surgir la filosofía del futuro."* [35]

---

35 BURGOS, J. M. 'Karol Wojtyla'. PHILOSOPHICA: Enciclopedia Filosófica online.

Por su parte, Wojtyla, en el *'Epílogo del debate sobre 'Persona y Acción'*, el primero de los estudios antropológicos publicados en la edición de 1994, nos dice:

— *"En 'Persona y Acción', no hay forma de fusionar estas dos filosofías, una tomista y otra fenomenológica, y especialmente no hay manera de combinar la «filosofía del ser» con una «filosofía de la conciencia» como reducción de toda la realidad al sujeto-consciencia y sus contenidos. En 'Persona y Acción', esto es absolutamente imposible."* * [36]

Saque cada cual sus conclusiones.

CASO 2.- Sobre el punto de partida de la filosofía de Karol Wojtyla

El Profesor Guerra nos dice:

— *"El método de Wojtyla **no presupone ningún sistema «metafísico» previo**, por el contrario, trata de lograr una apertura máxima a los datos presentados en la «experiencia» e intenta interpretarlos de una manera adecuada, es decir, verdadera."* [37]

Al respecto, Wojtyla dice lo siguiente:

---

36 WOJTYLA, K., 'Epílogo del debate sobre 'Persona y Acción', pag. 356.

37 GUERRA, R., 'Volver a la Persona', pag. 310.

— *"Pero es sabido que esto que experimentamos y conocemos, concretamente esta realidad humana, es objetiva y realmente «**anterior a nuestro conocimiento**»; no la formamos nosotros al conocer, sino que la encontramos. No es la realidad la que supone al conocimiento, sino el conocimiento el que supone la realidad."* [38]

El Profesor Guerra agrega:

— *"Nos parece sumamente importante para el desarrollo de la filosofía como filosofía el que Wojtyla haya señalado que la vía por la que hay que proceder para «**descubrir**» qué es la persona sea precisamente la del acto que revela a la persona y no viceversa."* [39]

A lo que Wojtyla responde:

— *"La praxis humana [o acción], es posible en la medida que el ser humano ya existe. Sería absurdo entender el asunto al revés y aceptar algún tipo de acción subjetivamente indeterminada, que luego define o determina su sujeto."* [40]

---

38 WOJTYLA, K., 'Teoría-Praxis: un tema Humano y Cristiano'. 1976. Revista española 'Verbo', 1978.

39 GUERRA, R., 'Volver a la Persona', pag. 229

40 WOJTYLA, K., 'El Problema de la constitución de la Cultura a través de la Praxis Humana', 1977. 'Person and Community', pag. 266.

Como se ve, aquí el contraste es igualmente tajante que en el caso anterior. Mientras Wojtyla afirma «*metafísicamente*» la primacía «*existencial*» del ser humano real y concreto que causa la acción, para Guerra, el punto de partida de Wojtyla es la acción, entendida al igual que Styczen como la «*experiencia de la realidad*», excluyendo todo fundamento metafísico.

3. El rol de las falsificaciones

El caso de las falsificaciones sobrepasa los límites de los meros desacuerdos filosóficos, así como de las tergiversaciones teóricas sobre la filosofía de Wojtyla. Se trata de «*un nuevo método*» que podemos calificar como «*solapado*» – en el sentido de maliciosamente oculto –, conforme al cual se cambia, aquí y allá, el significado de una palabra, de manera que el contexto en que se inserta pierde completamente su sentido original.

He aquí un par de ejemplos vinculados con el propósito de los conspiradores de restringir o, más bien, de «*eliminar*» la significación de Aristóteles en la perspectiva de Wojtyla.

CASO 1.- Sobre el «actus humanum»

Wojtyla explica detenidamente la importancia del «*actus humanum*» aristotélico en los siguientes términos:

III. La Raíz Filosófica del Problema

— "*La expresión «actus humanum» supone ya una determinada interpretación de la acción como actividad consciente **estrechamente ligada con la «filosofía del ser»**... En cierto sentido, no puede haber otra interpretación de la acción humana. Incluso puede que parezca que todos los intentos de tratar este asunto que desearan penetrar plenamente en sus componentes esenciales y en sus nexos constitutivos, debieran incluir de algún modo el contenido filosófico que contienen dentro de sí los términos «actus humanum» y «actus voluntarius». **Lo apoyaría también el intento que realizamos en el presente trabajo.***" [41]

Consideremos ahora algunas referencias – prácticamente inaccesibles al común de los lectores –, limitándonos a constatar cómo presentan la misma frase final del párrafo el original polaco y sus traducciones.

• Original polaco:

— "***Zaklada** ja i próba, która podejmujemy w niniejszym studium*" = **Se suponen** en el intento que hacemos en este estudio. [42]

• Traducción inglesa:

— "*The same philosophical content **is assumed** also in the attempt undertaken in this study.*" = El mismo contenido filosófico **es**

---

41 WOJTYLA, K., 'Persona y Acción', pag. 63. Ed. Palabra.
42 WOJTYLA, K., 'Persona e atto.', pag. 84

asumido *también en el intento realizado en este trabajo.* [43]

- Traducción italiana:

    — *"Lo **presuppone** anche il tentativo che compiamo in questo studio".* = *También lo **presupone** el esfuerzo que hacemos en este estudio.* [44]

- Traducción francesa:

    — *"Il est **présupposé** aussi par la tentative que nous entreprenons dans cette étude"* = *También se **presupone** en el intento que llevamos a cabo en este estudio.* [45]:

Aquí, la versión española reemplaza arbitrariamente la traducción *"lo presupone"* – que para todos es la traducción correcta – por el significado falso *"lo apoyaría"*.

Es decir, se reemplaza la «*certeza*» ofrecida por el autor – consistente en que el contenido filosófico de unidad del ser humano, expresado en el «*actus humanum*» y el «*actus voluntarius*», forma parte integral de la concepción filosófica de 'Persona y Acción' –, por la «*incertidumbre*» de una expresión condicional que, de hecho, priva de todo sentido la explicación que él mismo ha dado previamente.

---

43 WOJTYLA, K., 'The Acting Person', pag. 26

44 WOJTYLA, K., 'Persona e atto', pag. 85

45 WOJTYLA, K., 'Personne et Acte', pag. 47

CASO 2: Sobre el «conocimiento cosmológico» y el «conocimiento personalista»

Wojtyla establece una distinción fundamental entre el *"conocimiento cosmológico"* y el *"conocimiento personalista"*.

El primero, establecido por Aristóteles, define al hombre como «*animal racional*» considerándolo en su «*objetividad ontológica*», con relación al mundo físico en que existe o, como dice Wojtyla más precisamente, en cuanto «*reducible*» al mundo: el «*ser humano*» (*especie*) es considerado en el contexto de todos los «*seres vivos*» (*género próximo*), de los cuales se distingue porque es el único que tiene «*razón*» (*diferencia específica*).

El «*conocimiento personalista*», por su parte, supone el propósito de entender al hombre como un ser único e irrepetible, como un «*sujeto*» que se auto-experimenta a sí mismo «*subjetivamente*», perspectiva en la que es absolutamente «*irreductible*» al mundo.

Se trata, obviamente, de dos maneras o métodos diferentes de «*conocer*» al hombre en sus dos aspectos constitutivos: su objetividad y su subjetividad, lo que implica necesariamente su «*complementariedad*». Cabe destacar que Wojtyla aclara que esta diferencia no corresponde en ningún caso a la confrontación filosófica «*objetivismo-subjetivismo*».

— *"Si hay una oposición aquí, no es entre objetivismo y subjetivismo, sino entre dos métodos filosóficos (así como de uso corriente y práctico) de tratar el ser humano: como objeto y como sujeto. Al mismo tiempo, no hay que olvidar que la subjetividad de la persona humana es también algo objetivo."* [46]

Tampoco se debe entender esta distinción como una pugna por la supremacía de uno u otro método, aspecto que Wojtyla deja claramente establecido como sigue.

— *"No podemos alcanzar una imagen verdadera y completa del ser humano únicamente mediante la reducción; tampoco podemos permanecer únicamente en el marco de lo irreductible. Una y otro deben ser cognitivamente complementarios."* [47]

Pues, bien, desentendiéndose de la claridad absoluta de esta visión, la conspiración no abandona la idea de identificar a Wojtyla con su visión «*subjetivista*» e insiste en «*falsear*» sus palabras para lograrlo.

Veamos.

- El original polaco:

— *"Typ personalistyczny zrozumienia człowieka nie jest antynomią w stosunku do kosmologicznego – jest jego DOPEŁNIENIEM."*

---

46 WOJTYLA, K., 'La Subjetividad y lo Irreductible en el Ser Humano', pag. 211.

47 WOJTYLA, K. Idem pag. 214

III. La Raíz Filosófica del Problema

= *("El tipo personalista de la comprensión humana no es la antinomia con respecto al tipo cosmológico – es su COMPLEMENTO.")* [48]

• Traducción al inglés:

— *"The personalistic type of understanding the human being is not the antinomy of the cosmological type but its COMPLEMENT."* = *("El tipo personalista de entendimiento del ser humano no es la antinomia del tipo cosmológico, sino su COMPLEMENTO.)* [49]

• Traducción al italiano:

— *"Il tipo personalistico di comprensione dell'uomo non è in antinomia al tipo cosmologico, ne è l'INTERPRETAZIONE."* [50]

• Traducción al español :

— *"El tipo de comprensión del hombre llamada personalista no está en contraposición con la del tipo cosmológico, sino que es su INTERPRETACIÓN."* [51]

---

48   WOJTYLA, K., "Persona y Acción y otros Estudios Antropológicos", pag. 440.

49   WOJTYLA, K., 'Subjectivity and the Irreducible in the Human Being', 1975. 'Person and Community', pag. 213.

50   WOJTYLA, K., 'La Soggettività e 'Irriducibilità nell'uomo'. 'Metafisica della Persona', pag. 1324.

51   WOJTYLA, K., 'La Subjetividad y lo Irreductible en el Hombre'. 'El Hombre y su Destino', Ed. Palabra, pag. 34.

Evidentemente, para que las traducciones italiana y española fuesen correctas, el original polaco debió ser: *"jest jego interpretacja"* = "*es su interpretación*". Como no ese el caso, ambas traducciones son **falsas**.

Con ellas, si entendemos por «*complemento*» lo que se agrega a una cosa para hacerla íntegra o perfecta, y por «*interpretación*» la explicación o declaración del sentido de un texto, resulta evidente que el propósito de los falsificadores ha sido dejar establecido que el «*conocimiento personalista*» es el que explica o establece el sentido del «*conocimiento cosmológico*», lo que, de hecho, establece una «*subordinación*» que elimina la «*complementariedad*».

Al igual que en el caso #1, sobre la importancia del «*actus humanus*», ésta es una traducción de mala fe – aprovechando que el lector no tiene más opción que confiar en la honestidad del traductor –, lo que deja a la vista la deshonestidad intelectual y moral de sus autores.

IV

CONSUMACIÓN DE LA FALSIFICACIÓN

El problema: El propósito de reducir el libro 'Persona y Acción' a su «traducción italiana».

A fin de consumar la asimilación filosófica de Wojtyla a la interpretación fenomenológica de su libro 'Persona y Acción', la conspiración desciende a un tercer nivel, ésta vez práctico, en el que «*identifica*» esa obra con su traducción al italiano *'Persona e atto. Testo polacco a fronte'* de 1999, editada por Giovanni Reale y Tadeusz Styczen. [52]

En realidad, la publicación de la traducción italiana fue el momento y el lugar en el que la conspiración salió del ámbito de la «*mera argumentación filosófica*», para internarse en el terreno de la «*acción falsificadora*», hecho que consumó – **sin crear la menor sospecha** –, al incorporarla a un documento con las siguientes características:

---
52 WOJTYLA, K., 'Persona a atto. Testo polacco a fronte'. Rusconi Libri, Milan 1999.

- fue publicado en Roma,

- durante el pontificado de Juan Pablo II,

- autorizado por la Librería Editorial Vaticana – encargada en forma expresa *"de proteger los escritos del cardenal Karol Wojtyla"* –,

- con la participación directa del académico polaco Tadeusz Styczen, ex-alumno de Karol Wojtyla y su sucesor en la cátedra de Ética de la Facultad de Filosofía de la Universidad Católica de Lublín, después de su elección papal, que no perdía oportunidad de destacar su «*amistad*» con el Pontífice.

Sin embargo, a partir de este mismo clima de absoluta confianza y seguridad, es posible encontrar el hilo que conduce a los hechos de falsificación.

Desde luego, la primera evidencia surge de la presencia de Tadeusz Styczen, quien aparece jugando un «*papel doble*» a ambos lados de la controversia creada en torno al sentido y propósito de la edición polaca de 1994, supuestamente *"reproducida"* en su integridad en la traducción italiana.

Recordemos que él fue uno de los cinco editores de la tercera edición polaca '*Osoba i czyn oraz inne studia antropologiczne*' ('Persona y Acción y otros estudios antropológicos') de 1994, destinada *"a presentar la antropología filosófica de Karol Wojtyla en su forma más completa"* como contribución a la *"celebración del décimo quinto aniversario del pontificado de Juan Pablo II"*.

Sorprende, pues, que cinco años más tarde, Styczen aparezca como editor de la traducción italiana, que representa cambios radicalmente falsificadores como los siguientes:

1°, el propósito de «*excluir*» de toda consideración relevante a los otros estudios antropológicos complementarios de 'Persona y Acción', y

2°, la introducción de cambios «*textuales*» en el proceso de traducción, conforme a los cuales Wojtyla aparece diciendo en italiano lo contrario de lo que ha dicho en su lengua original polaca.

Sin embargo, la sorpresa deja de ser tal en el momento en que se comprueba que Tadeusz Styczen fue inspirador y líder de la llamada «**escuela fenomenológica y personalista de Lublín-Liechtenstein**» [53] –originada en la Academia Internacional de Filosofía en el Principado de Liechtenstein–, que dice *identificarse* con el pensamiento de Karol Wojtyla.

A no dudarlo, por su jerarquía, el fenomenólogo Styczen es el punto de partida de esta conspiración.

1. La exclusión de las ideas

¿Cómo cumple la traducción italiana 'Persona e atto. Testo polacco a fronte' el propósito de excluir de toda significación relevante a los estudios antropológicos complementarios de 'Persona y Acción'?

---

53 GUERRA, R., 'Volver a la Persona', pag. 252

He aquí la presentación de su Nota Editorial:

— *"Esta nueva edición italiana de Persona y Acción con el texto polaco al lado «**reproduce**» la tercera y «**definitiva**» edición crítica: Karol Wojtyla, **Osoba i czyn oraz inne studia antropologiczne**, editada por Tadeusz Styczen, Wojciech Chudy, Jerzy W. Galkowski, Adam Rodzinski y Andrzej Szostek. Towarzystwo Naukowe KUL, Lublín 1994."* [54]

Esta presentación contiene dos afirmaciones absolutamente falsas.

• Primero, dice «*reproducir*» la edición polaca *"Osoba i czyn oraz inne studia antropologiczne"*, en circunstancia que solamente reproduce *"Osoba i czyn"* (Persona y Acción), sin considerar *"oraz inne studia antropologiczne"* (los otros estudios antropológicos) – omitiendo siquiera dar razón de esa exclusión –, como si esos estudios no existiesen, no obstante constituir una parte esencial del sentido y propósito de la tercera edición polaca de 1994.

• Segundo, le atribuye a esa edición el carácter de edición «*definitiva*», implicando que se trata de la «*versión final*» de 'Persona y Acción', en circunstancia que la propia edición de 1994 reconoce expresamente

---

54 WOJTYLA, K., 'Persona e atto. Testo polacco a fronte", pag. 31. "NOTA EDITORIALE: Questa nuova edizione italiana di Persona e atto con il testo polacco a fronte **riproduce** la terza e definitiva edizione critica: Karol Wojtyla: Osoba i czyn oraz inne studia antropologiczne, ed. Tadeusz Styczen, Wojciech Chudy, Jerzy W. Galkowski, Adam Rodzinski y Andrzej Szostek. Towarzystwo Naukowe KUL, Lublíno 1994."

ser solamente una reproducción de la segunda edición polaca de 1985, que, como ya sabemos, no es otra que la «*versión polaca definitiva*» traducida al inglés en 1979.

1.1. La recepción española de la traducción italiana

En nuestro mundo de habla castellana, la tercera edición polaca del libro 'Persona y Acción' ha sido muy bien recibida en vista de que pondría fin a los debates en torno a las traducciones existentes, proclamando, según se estima, «*victoriosa*» a la traducción italiana.

En efecto, los dos destacados comentaristas e intérpretes actuales del pensamiento de Wojtyla ya citados, los profesores Rodrigo Guerra, de México, y Juan Manuel Burgos, de España, así lo han manifestado.

El profesor Guerra, en su libro 'Volver a la Persona', señala:

— *"En 1994 apareció la denominada tercera y definitiva edición crítica en polaco que sería utilizada para hacer en 1999 la edición italiana* **que nosotros preferimos**: *Persona e atto. Testo polacco a fronte, bajo el cuidado de Giovanni Reale y Tadeusz Styczen.*

— *"De esta manera es hasta época muy reciente que es posible realizar un análisis de Persona y Acto* **con plena confianza** *de que* *se está leyendo realmente el pensamiento de Wojtyla."* [55]

Por su parte, el profesor Burgos, en su ensayo 'Karol Wojtyla' de 2007, afirma:

— *"Actualmente se considera definitiva la 3a edición polaca publicada con el título: Osoba i czyn oraz inne studia antropologiczne (Towarzystwo Naukowe KUL, Lublín 1994) que, junto a su traducción italiana, se puede encontrar en 'Persona e atto. Testo polacco a fronte' (Bompiani, Milan 2001)."* [56]

Como curiosidad, es de notar que tanto la Nota Editorial como los profesores Burgos y Guerra no traducen el título polaco *"Osoba i czyn oraz inne studia antropologiczne"*. ¿Han creído realmente que así podían evitar dar a conocer la existencia de los *"otros estudios antropológicos"* incluidos en esa edición de 1994?

En todo caso, resulta evidente que estas presentaciones de Guerra y Burgos proponen que el pensamiento antropológico de Wojtyla debe entenderse *"reducido"* a la traducción italiana de 1999 de Persona y Acción', lo que implica la **aceptación** de la «exclusión» de los *"otros estudios antropológicos"*, así como de las falsificaciones «*textuales*» de su pensamiento.

---

55 GUERRA, R., 'Volver a la Persona,', pag. 202.

56 BURGOS, J. M., 'Karol Wojtyla'. PHILOSOPHICA: Enciclopedia Filosófica online.

1.2. La degradación de los "estudios antropológicos"

No obstante que los estudios antropológicos complementarios de 'Persona y Acción' han sido publicados y traducidos por separado antes de la tercera edición de 1994, se puede decir que el carácter «*integral*» que les otorgó esa «*recopilación*», les reconoce también una categoría superior a la que se les reconocía hasta ese momento.

En un comienzo, tal reconocimiento parecía natural, como deja en evidencia el libro 'El Hombre y su Destino' (1998), colección de ensayos antropológicos de Wojtyla, publicada por Ediciones Palabra, donde Juan Manuel Burgos, Director de la colección, reconocía:

— *"Este libro ofrece importantes desarrollos de su principal obra, 'Persona y Acción', y nuevos elementos para construir una antropología personalista."* [57]

Lamentablemente, esa perspectiva integradora de Burgos cambió radicalmente, sin motivo aparente, y se transformó en una visión destinada a «*desacreditar*» esos ensayos antropológicos, a causa de un supuesto carácter contradictorio de las presentaciones que de ellos habría hecho Wojtyla.

---

57 BURGOS, J. M., Presentación de 'El Hombre y su Destino', pag. 6. Ed. Palabra.

— *"Si nos atenemos en primer lugar a las opiniones o actitudes de Wojtyla, es evidente que no desprecia ocasión de elogiar a Tomás de Aquino y su doctrina, y se presenta en numerosas ocasiones como discípulo y seguidor suyo... Esta actitud no obsta, sin embargo, para que esos elogios estén acompañados por muchas críticas, comentarios y propuestas de rectificación. En este sentido, tampoco tiene reparos en reconocer su deuda o identificarse con posiciones fenomenológicas (realistas) y personalistas. Esta actitud «**bidireccional**» llega incluso, en algunas ocasiones, a dar la impresión de cierta «**ambigüedad calculada de tipo político**» que busca evitar confrontaciones abiertas y «**quedar a bien con todos**». Así se explicaría, en efecto, por qué, al analizar una cuestión, comienza generalmente concediendo un valor básico a las posturas tomistas (con lo que evita las críticas de este sector), pero luego procede a una enunciación de su auténtica posición que, con frecuencia, se separa sustancialmente de las anteriores ya que son de tipo fenomenológico-personalista (con lo cual este sector de opinión queda a su vez satisfecho). Y porque alguna otra vez expone las mismas doctrinas – sin renunciar, eso sí, a los puntos que considera centrales – en una formulación más tomista o más personalista **según el público** al que se esté dirigiendo. [Nota 53]."* [58]

---

58 BURGOS, J. M., 'La Antropología de Karol Wojtyla'. 'La Filosofía Personalista de Karol Wojtyla', pag. 137.

Al margen de que esta descripción de Burgos **atenta directamente contra la integridad intelectual y moral de Wojtyla** – al presentarlo como un pensador incapaz de ponerse de acuerdo consigo mismo, siempre dispuesto a asumir posturas **oportunistas** para dejar contentos a moros y cristianos –, vale la pena detenernos en la nota que agrega al final de la cita:

— *"Nota 53: En ese sentido resulta paradigmático el artículo 'La estructura general de la auto decisión', porque contiene un resumen muy preciso de 'Persona y Acción', pero en* **un lenguaje muy tomista que sorprende, ya que no corresponde a su vocabulario habitual.** *Pero si «se investiga» cuál es el origen de ese artículo «se descubre» que es un texto preparado para un Congreso con motivo del VII Centenario de santo Tomás de Aquino."*

Hemos destacado previamente que la participación de Karol Wojtyla en el mencionado Congreso Tomista de 1974, en su condición de Cardenal, fue la primera vez que presentó fuera de Polonia su libro 'Osoba i Czyn' (Persona y Acción) de 1969, cuando prácticamente nadie lo conocía por no tener traducciones a ningún idioma, y porque, de hecho, él mismo era un filósofo casi desconocido. Allí dio cuenta incluso de los debates provocados en Polonia desde su publicación y aclaró muchos puntos al respecto. Además, esa presentación tiene el mérito de haber sido el primero de sus estudios antropológicos complementarios de 'Osoba i Czyn' presentados en los años inmediatamente previos a su elección papal.

¿Cuál pudo haber sido, en ese momento, el *"lenguaje habitual"* de Wojtyla aparte su lengua nativa polaca, que él mismo tradujo al italiano para dicha presentación?

Obviamente, si estos hechos se miran tres décadas después de ocurridos, sin considerar su secuencia y significación histórica, es posible asignarles – a conveniencia – un carácter completamente opuesto al que les corresponde. Así, en este caso ejemplar, el lenguaje que verdaderamente *"sorprende"*, por no corresponder al lenguaje habitual de Wojtyla, es justamente el que usa Burgos para desacreditar en su conjunto – **en clara concomitancia con la traducción italiana** –, los *"otros estudios antropológicos"* que configuran, junto a 'Persona y Acción', su antropología integral.

2. La alteración del lenguaje

Aquí entramos directamente en lo que se puede considerar como la «**falsificación principal**» de la filosofía de Wojtyla, cuya evidencia ha surgido de simples comparaciones textuales que presentan cambios drásticos del significado propio de términos polacos usados por Wojtyla.

Como existen solamente dos traducciones directas del original polaco – la traducción inglesa de 1979 y la traducción italiana de 1999 –, basta con cotejar los índices de contenidos de ambas para encontrarse de inmediato con una diferencia notable en los títulos de la Parte Primera:

IV. Consumación de la Falsificación   93

- En inglés,

    'PART ONE: CONSCIOUSNESS AND EFFICACY,
    (Parte Primera: Conciencia y Eficacia)

- En italiano,

    'PARTE PRIMA: COSCIENZA E OPERATIVITÀ.
    (Parte Primera: Conciencia y Operatividad)

Agreguemos aquí como punto de referencia indispensable:

- En polaco,

    'CZESC PIERWSZA: ŚWIADOMOŚĆ A SPRAWCZOŚĆ'
    Parte Primera: Conciencia y –––––––––––

Aquí quedan a la vista dos hechos muy precisos:

1° La diferencia se reduce a la traducción de la palabra «*sprawczość*».

2° El concepto inglés «*efficacy*» – en español, «*eficacia*» – y el concepto italiano «*operatività*» – en español, «*operatividad*» – no son sinónimos, sino antónimos, es decir, tienen un significado opuesto: uno indica la «*causa*» y el otro el «*efecto*».

**«Eficacia» (Causalidad)
≠ «Operatividad» (Actividad)**

¿Cuál es la traducción correcta, o dicho más propiamente, cuál es el «*significado*» correcto en polaco de la palabra «*sprawczość*»?

Podemos aproximarnos al significado correcto de «*sprawczość*» a partir de su raíz de uso judicial «*sprawcą*» – *autor, perpetrador, agresor, culpable* –, que se extiende con diversas variantes a significados perfectamente concordantes, como: «*sprawa*» = *causa*, «*sprawcze*» = *causal*, «*sprawczej*» = *causante*, hasta llegar a «**sprawczość**» o «**sprawczości**» cuyo significado correcto corresponde a *agencia, fuerza de voluntad* o *causalidad* y, más precisamente, a su significado filosófico «**eficacia**» – la *"capacidad de «ejercitar la causalidad eficiente» o de obtener un cierto resultado"* –, equivalente a «**efficacy**», usada en todas las traducciones al inglés de la palabra «*sprawczość*», incluida por cierto la traducción 'The Acting Person" que Wojtyla conoció personalmente, en la versión del traductor polaco, sin objeción alguna en ese punto específico.

Por su parte, la palabra «**operatividad**» define la *"capacidad para realizar una función"* es decir, la capacidad de cumplir una «*actividad predeterminada*». Tal funcionalidad es atribuible a 'objetos' – un celular o un automóvil son *"operativos"* – o a ciertos 'sujetos' – un cuerpo policial o una unidad de rescate son *"operativos"* – o a ciertos 'servicios' – un sistema de transporte o un hospital son *"operativos"*.

Ciertamente, un robot con apariencia de ser humano «*debe*» ser operativo. Sin embargo, semejante funcionalidad no puede atribuirse al ser humano, en cuanto tal. En la perspectiva de Wojtyla, la persona humana no ha sido *"diseñada"* para cumplir funciones, sino que ha sido *"creada"* para actuar libremente conforme a su propia autodeterminación.

En síntesis, la diferencia entre ambas traducciones se reduce a lo siguiente: el uso de «*eficacia*» se centra en el «*sujeto de la acción*», mientras que el uso de «*operatividad*» se centra en la «*acción del sujeto*».

Estos son, precisamente, los términos que usa Wojtyla para explicar el sentido del problema, al señalar que *"el hombre como «sujeto de la acción» y la «acción del sujeto» son dos componentes correlativos de nuestro estudio"*, en el que ambos son necesarios para el conocimiento mutuo de uno y otro. Y en tal contexto nos da la *"clave"* para el entendimiento de la relación *"persona-acción"*:

— *"Queremos continuar aún con el «**análisis del sujeto de la acción**», para descubrir de algún modo las raíces más profundas del dinamismo del hombre, y en particular la... «**sprawczość**»..., porque ella es «la clave» para comprender la relación "persona-acción»."* [59]

En términos del problema de traducción que nos ocupa, aquí estamos ante la disyuntiva de traducir a «*eficacia*» o a «*operatividad*»: si usamos «*eficacia*» nos estamos refiriendo al «*sujeto de la acción*», mientras que si su usamos «*operatividad*» nos estamos refiriendo a la «*acción del sujeto*». Y de inmediato dejamos a la vista que, en este último caso, estaríamos contradiciendo directamente las palabras de Wojtyla centradas en el *"análisis del «sujeto de la acción»"*.

---

59 WOJTYLA, K., 'Persona y Acción', Ed. Palabra, pag. 132.

Esto lleva a concluir que la falsificación propone cambiar el entendimiento del ser humano como «*sujeto causal*», para reducirlo al conocimiento de la «*experiencia subjetiva*» de sus actividades.

3. La traducción al español

¿Qué rol juega en esto la traducción española 'Persona y Acción', de Ediciones Palabra, 2011?

Esta versión «*coincide*» plenamente con la traducción italiana 'Persona e atto', 1°, en que también dice ser, sin serlo, una traducción directa de la edición polaca de 1994, 2°, en que elude siquiera mencionar sus estudios antropológicos complementarios y 3°, en que cambia el significado de «*sprawczość*» de «*eficacia*» a «*operatividad*».

Sin embargo, lo más significativo desde un punto de vista práctico, es que la edición Palabra comienza el tratamiento directo del tema incluyendo en la página dedicada al título de la Parte Primera – Consciencia y Operatividad –, la siguiente «*nota explicativa*» de los editores Juan Manuel Burgos y Rafael Mora (éste último también el traductor):

— "*... utilizamos la palabra «OPERATIVIDAD» para traducir el término polaco «sprawczość», que podríamos definir como* **la capacidad por la que alguien puede ser autor o causante de un efecto.**" [60]

---

60 WOJTYLA, K., 'Persona y Acción'. Ed. Palabra, pag. 59.

"A confesión de parte, relevo de pruebas", sentencia el proverbio jurídico.

Se puede ver que la redacción de esta nota presenta solamente el «*hecho*» de la traducción a «*operatividad*», reconociendo que el significado propio de «*sprawczość*» no es «*operatividad*», sino *"la capacidad por la que alguien puede ser autor o causante de un efecto"*, es decir, «*la capacidad de la persona de ser la causa eficiente de sus acciones*».

O sea, aquí no se ha vacilado en dejar constancia explícita de que se está traduciendo un concepto fundamental de Wojtyla con un significado absolutamente contrario al propio. Algo así como traducir negro por blanco.

En todo caso, este solo hecho deja establecido, sin lugar a la menor duda, que los desacuerdos de traducción aquí analizados no afectan al significado propio de la palabra «*sprawczość*», sino solamente a sus traducciones en cuanto son o no son fieles a él.

3.1. El cambio de «operatividad» a «actividad»

Juan Manuel Burgos, editor de 'Persona y Acción', ha hecho grandes esfuerzos para demostrar que la palabra «*operatividad*» es precisamente la que define el sentido de 'Persona y Acción'. He aquí como lo expresa en su libro de 2014, 'Para comprender a Karol Wojtyla. Introducción a su Filosofía':

— *"... el contenido fundamental del libro 'Persona y Acción' es un análisis de la acción que «**descubra**» a la persona-sujeto. Este **análisis de la acción** comienza en la Parte Primera (Consciencia y operatividad)... a través del concepto básico de operatividad."* [61]

Es decir, según Burgos, el concepto de «*operatividad*» no tiene nada que ver con la «*causalidad*» de la persona, sino con la «*actividad*» de la persona. De allí que no sea de extrañar que la traducción de Ediciones Palabra de 2011, agregue un nuevo giro al problema – claramente atribuible al hecho de estar traduciendo del italiano y no, como dice, del polaco –: la opción de traducir «*operatività*» tanto por «*operatividad*», como por su sinónimo «*actividad*».

He aquí tres casos ejemplares.

CASO 1.- El «*sujeto*» que ejercita la eficacia.

- Original polaco: *"podmiot **sprawczy**"* = sujeto **causante**. [62]

- Traducción inglesa: *"**efficacious** subject"* = sujeto **eficaz**. [63]

- Traducción italiana: *"soggetto **operativo**"* [64]

---

61 BURGOS, J.M., 'Para Comprender a Karol Wojtyla', pags. 64-65.

62 WOJTYLA, K., 'Persona e atto.', pag.72

63 WOJTYLA, K., 'The Acting Person', pag. 20

64 WOJTYLA, K., 'Persona e atto.', pag. 73

IV. Consumación de la Falsificación   99

- Traducción española: *"sujeto ACTIVO"* [65]

CASO 2.- El momento de «tomar consciencia de ser el agente de la acción»

- Original polaco: *"moment **sprawczości**"* = el momento de la **eficacia**. [66]

- Traducción inglesa: *"moment of **efficacy**"* = momento de la eficacia [67]

- Traducción italiana: *"momento dell'**operatività**"* [68]

- Traducción española: *"momento de la ACTIVIDAD"* [69]

CASO 3.- «sprawczość» = «actividad»

- Original polaco:

> — *"Moment twórczości, który idzie w parze z momentem SPRAWCZOŚCI, z przeżyciem SPRAWCZOŚCI konstytuującym obiektywną strukturę «człowiek działa», jeszcze bardziej uwydatnia owa nadrzędność SPRAWCZOŚCI względem całościowego dynamizmu człowieka. SPRAWCZOŚĆ sama jest czymś dynamicznym,*

---

65 WOJTYLA, K., 'Persona y Acción', pag. 54
66 WOJTYLA, K., 'Persona e atto', pag.180
67 WOJTYLA, K., 'The Acting Person', pag. 68
68 WOJTYLA, K., 'Persona e atto', pag. 181
69 WOJTYLA, K., 'Persona y Acción', pag. 120

owszem – stanowi jakby szczyt dynamizmu człowieka." [70]

- Traducción inglesa:

    — *"The moment of creativeness, which closely accompanies the moment of EFFICACY, the experience of EFFICACY that set up the objective structure of «man-acts», brings out even more vividly the dominant role of EFFICACY in the integral dynamism of the human being. EFFICACY itself is dynamic: indeed it constitutes, as it were, the culmination of the dynamism of the human being."*. [71]

- Traducción italiana:

    — *"Il momento della creatività, che va di pari passo col momento dell'OPERATIVITÀ, con l'esperienza vissuta dell'OPERATIVITÀ che costituisce la struttura oggettiva «l'uomo agisce», mette ancor più in evidenza il ruolo dominante dell'OPERATIVITÀ nel dinamismo integrale dell'uomo. La stessa OPERATIVITÀ è qualcosa di dinamico, anzi costituisce quasi il culmine del dinamismo dell'uomo."* [72]

- Traducción española:

    — *"El momento de la creatividad, que corre parejo con el momento de la ACTIVIDAD, con*

---

70 WOJTYLA, K., 'Persona e atto', pag. 192

71 WOJTYLA, K., 'The Acting Person', pag. 70

72 WOJTYLA, K., 'Persona e atto', pag. 193

la vivencia de la ACTIVIDAD que constituye la estructura objetiva «el hombre actúa», evidencia más aún el papel rector de la ACTIVIDAD respecto a la totalidad del dinamismo del hombre. La propia ACTIVIDAD es algo dinámico; más aún, constituye la cumbre del dinamismo del hombre." [73]

Obviamente, esto contradice abiertamente 'la nota explicativa', lo que deja en evidencia, además, que la palabra «*operatividad*» **ha sido entendida desde el comienzo como sinónimo de «*actividad*»** y nunca como «*causalidad*». Así, la nota explicativa resulta ser, simplemente, «**una pantalla**». Total, ¿quién puede saber que el original polaco traducido por «*actividad*» es «*sprawczość*»?

Con esto se ha consumado un cambio radical. Concretamente, esto significa que cuando se leen el original polaco 'Osoba i czyn', o su traducción al inglés, 'The Acting Person', se entiende que Karol Wojtyla dedica el capítulo II al análisis de la «*eficacia de la persona*», o sea, al poder de la persona de ser la causa eficiente de sus actos.

En cambio, si se leen la traducción italiana de 1999 y la traducción al español de 2011, se entiende o, más bien, se procura hacer entender que Karol Wojtyla dedica ese capítulo al análisis de la «*acción de la persona*», como efecto de la mera actividad. Se pretende hacer desaparecer al sujeto existente «*hombre-persona*», reemplazándolo por la pura conciencia del "*querer*" y del "*pensar*".

---

73 WOJTYLA, K., 'Persona y Acción', pag. 126

3.2. El papel de la traducción italiana

Dado que el libro 'Persona e Atto' contiene lado a lado el original polaco y la traducción italiana, existe el riesgo adicional de que esta última se entienda que cumple el papel de *"guía"* de las traducciones del polaco a idiomas de raíz latina, como el español, el francés o el portugués.

El caso que estamos exponiendo es un ejemplo claro de esta influencia. Así, si la traducción italiana es la correcta, ¿por qué complicarse la vida traduciendo del polaco, cuando el italiano es mucho más fácil, tanto como que en su traducción al español pueden participar quienes no tienen idea del polaco?

También se puede citar el caso de la traducción al francés **'Personne et acte', *Éditions Parole et Silence***, que, coincidentemente, se publicó en 2011, al igual que la traducción española de Ediciones Palabra. En ella, **todas** las *'Notas sobre la traducción'* están referidas directamente a la traducción italiana 'Persona e atto'. Testo polacco a fronte' de 1999.

Para apreciar la presencia de los falsificadores, baste con citar la nota «**d**».

— "La palabra francesa «**efficient**» («*eficiente*») se utiliza aquí para traducir la palabra polaca «**sprawczy**». A lo largo de la traducción francesa de 'Persone et acte', el término «**efficience**» («*eficiencia*») expresa el término polaco «**sprawczość**». En la traducción italiana de 'Osoba i czyn', este último se traduce por «operatività». *Según el profesor Jaroslaw Merecki la mejor traducción del término «sprawczość» sería la de «opérativité».*"

Y acto seguido, aunque la traducción francesa no utiliza la expresión «*opérativité*», la nota «*d*» hace la siguiente concesión al falsificador:

— *"A lo largo del libro, cuando se utiliza el nombre «efficience» («eficiencia») o el adjetivo «efficient» («eficiente»), debe entenderse por esto «opérativité» («operatividad») u «opèratif» («operativo»). Ver Wojtyla, K., Persona e atto. Testo polaco a fronte, Osoba i czyn, p. 72-73."* [74]

¿Por qué **"debe entenderse"** «eficiente» por «*operatividad*» si significan lo contrario? ¿Qué clase de **fidelidad al original** es ésta?

Evidentemente, «eficiencia» no significa exactamente lo mismo que «eficacia», pero en ambos casos se trata de «*capacidades de la persona de producir un resultado*» y no de la mera «*actividad de la persona*», como es el caso de «*operatividad*».

3.3. Contradicciones del uso de «operatividad»

Veamos ahora un par ejemplos de contradicciones que demuestran que la falsificación sólo consigue transformar la traducción española 'Persona y Acción' en un libro plagado de incoherencias que ponen en tela de juicio la reconocida jerarquía intelectual de su autor.

---

74 WOJTYLA, K., 'Personne et acte', Éditions Parole et Silence, 2011, nota «e», pag. 341

CASO 1.- ¿Cómo reconoce el hombre su «eficacia»?

Aquí está en juego la reflexión interior de la persona frente al hecho de su actividad.

— *"El que actúa teniendo la vivencia de sí mismo como «agente», por eso mismo se encuentra **en el inicio de su acción**. El acto en cuanto tal le pertenece a él en el ser, **él lo inicia y lo hace existir. Ser causa significa originar el nacimiento y la existencia del efecto**, su 'fieri' [dinamismo] o su 'esse' [existencia]. Así que **el hombre es causa de su obrar** de un modo plenamente experimental. Aparece de modo vivencial una relación causal entre la persona y la acción, lo que provoca que la persona, es decir, cada «yo» humano concreto advierte que **la acción es un efecto de su OPERATIVIDAD** (– sprawczość = «eficacia» –)..."* [75]

¿Qué hace aquí la palabra «*operatividad*» como "*causa*" de la acción? ¿No está destinada precisamente a eliminar la idea de causalidad implícita en «*eficacia*»?

Nótese que, no obstante que Wojtyla insiste aquí en la «*causalidad del sujeto*» – «*agente*», «*hombre*», «*persona*», «*'yo' humano concreto*» –, el uso de «*operatividad*» lo hace concluir un absurdo: la acción es un efecto, no del «*sujeto*», sino de la «*actividad del sujeto*», o sea, un efecto de sí misma.

---

75 WOJTYLA, K., 'Persona y Acción', pag. 121

CASO 2.- La «eficacia», "o sea, la «causalidad» propia de la persona".

Wojtyla está hablando aquí de que la persona es la causa eficiente del bien y del mal moral de sus actos. Y nos dice:

— *"El hombre llega a ser «alguien» o «alguno», ante todo por sus acciones, por su actividad consciente. Porque esta forma de 'fieri' (dinamismo) humano presupone la OPERATIVIDAD (– sprawczość = «eficacia» –), **o sea, la causalidad específica de la persona**."* [76]

Este párrafo deja al descubierto que, no obstante eliminar el concepto de «*eficacia*» y reemplazarlo por «*operatividad*», no se logra cambiar el hecho objetivo de que Wojtyla está hablando de la «*causalidad de la persona*» y no de la «*actividad de la persona*».

A ello cabe agregar que cuando dice: *"el dinamismo humano presupone la operatividad"*, se está diciendo que LA PERSONA PRESUPONE LA ACCIÓN, lo que es absolutamente contrario a lo que dice Wojtyla:

— *"La acción es indudablemente una actividad. Una actividad puede ser causada por diversos agentes; pero, en cambio, la actividad que llamamos «acción» no se puede atribuir en sentido estricto a ningún otro agente más que a la persona. Por tanto, LA ACCION PRESUPONE A LA PERSONA."* [77]

---
76 WOJTYLA, K., 'Persona y Acción', pag. 162
77 WOJTYLA, K., 'Persona y Acción', pag. 42

4. ... y el plan sigue su curso

Como se ha dicho, la falsificación del pensamiento de Karol Wojtyla corresponde a un plan maestro de aplicación general a toda su obra. De allí que, al margen del caso de 'Persona y Acción', se pueden citar otros, entre los que destacan el proyecto de libro inconcluso *'El Hombre en el campo de la Responsabilidad'*, presentado por Wojtyla en 1972, afirmando que *"en cierta medida es una continuación de mi estudio Persona y Acto"* y, más recientemente, la primera traducción al español de las *'Lecciones de Lublín'* por Ediciones Palabra, 2014.

4.1. *'El Hombre en el campo de la Responsabilidad'* [78]

Veamos un caso ejemplar de ese libro y sus traducciones:

• Original polaco, *'Czlowiek w polu odpowiedalnosci'*:

— *"Powinność, jej przeżycie poniekąd zawiera się w SPRAWCZOŚĆ i jej przeżyciu – a poniekąd jest w stosunku do niej zewnętrzne i nadrzędne («powinien-em działać» lub «powinien-em nie działać»), kiedy to powinność stanowi o SPRAWCZOŚĆ. Powinność, która zawiera się już w SPRAWCZOŚĆ, w danym działaniu, dotyczy przedmiotu czy tez celu działania («powinien-em x»)."* [79]

---

78 WOJTYLA, K., 'L'uomo nel campo della responsabilità'. Ed. Bompiani. Testi a Fronte. 2002.

79 WOJTYLA, K., 'L'uomo nel campo della responsabilità', pag. 58

IV. Consumación de la Falsificación   107

- Traducción inglesa:

    — *"The lived experience of duty is in a way contained in EFFICACY and the lived experience of it – and is in a way external and prior to it («I ought to act» or «I ought not to act») when the duty determines EFFICACY. That duty which is already contained in EFFICACY, in a given action, concerns the object or the end of the action («I ought to do x»)."* [80]

- Traducción italiana:

    — *"Il dovere, l'esperienza del dovere è contenuta in un certo senso nell'OPERATIVITÀ e nella sua esperienza. In qualche modo esso è al di fuori e al di sopra rispetto ad essa («devo agire» o «devo non agire»). È infatti proprio il dovere a decidere dell'OPERATIVITÀ. Il dovere, che è già compreso nell'OPERATIVITÀ, in una data azione, riguarda l'oggetto o anche il fine dell'azione («devo fare x»)."* [81]

- Traducción española:

    — *"El deber, su experiencia, está comprendido en la ACTIVIDAD y en su experiencia, y en cierto modo, ya que este deber determina la ACTIVIDAD, se relaciona con ella desde el exterior y desde lo alto («debo obrar» o «no debo obrar»). El deber comprendido en

---

80   WOJTYLA, K., 'Man in the Field of Responsibility', pag. 8.

81   WOJTYLA, K., 'L'uomo nel campo della responsabilità', pag. 59.

la ACTIVIDAD, en un obrar dado, se refiere al objeto, o bien al término del obrar ("debo hacer X")." [82]

4.2. 'Lecciones de Lublín' [83]

En las 'Lecciones de Lublín' – conferencias dictadas por Wojtyla en sus primeros años como académico de la Universidad Católica de Lublín (1955-57) –, recientemente publicadas en dos volúmenes por Ediciones Palabra, la «*operatividad*» ha hecho también su debut falsificador.

- Original polaco:

> — *"Główny bowiem problem polega na tym, w jaki sposób wartość etyczna wiąże się ze SPRAWCZOŚĆ osoby. Chodzi mianowicie o to, że wartość etyczna niewątpliwie jest przedmiotem SPRAWCZOŚĆ osoby, skoro bez tej SPRAWCZOŚĆ nie może istnieć, a równocześnie wartość etyczna jest przymiotem samejże tej osoby, która stanowi PRZYCZYNE SPRAWCZA działania."* [84]

- Traducción al español:

> — *"El problema principal consiste en explicar cómo se une el acto ético con la*

---

82 WOJTYLA, K., 'El Hombre y la Responsabilidad'. 'El Hombre y su Destino', pag. 222. Ed.Palabra.

83 WOJTYLA, K., 'Lecciones de Lublín' I y II. Ed. Palabra.

84 WOJTYLA, K., 'Wykłady lubelskie' (Conferencias en Lublín), pag. 67-68.

OPERATIVIDAD (– «sprawczość» = «eficacia») de la persona. Se trata, en concreto, de que el valor ético es indudablemente objeto de la OPERATIVIDAD (– «sprawczość» = «eficacia») de la persona, de modo que no puede existir sin esta OPERATIVIDAD (– «sprawczość» = «eficacia»), y simultáneamente el valor ético es una característica de esa misma persona, que es la CAUSA EFICIENTE de la actividad." [85]

Esta última cita viene a ser como una «*síntesis final*» que nos presenta la esencia misma de todo el problema de falsificación aquí expuesto: el traductor, teniendo tan clara su misión de traducir «*sprawczość*» por «*operatividad*», no ha tenido ningún reparo en traducir la expresión «*przyczne sprawcza*» como «CAUSA EFICIENTE», debiendo haberla traducido como CAUSA OPERATIVA o CAUSA ACTIVA, en el supuesto de haber tenido alguna preocupación por su propia coherencia intelectual.

¿No llamó su atención que el término «*sprawcza*» = «*eficiente*», es una variante casi idéntica de «*sprawczość*» = «*eficacia*»?

¿Tampoco reparó en que el párrafo termina diciendo: "LA PERSONA ES LA CAUSA EFICIENTE DE LA ACTIVIDAD", que es justamente el principio que se ha querido borrar del pensamiento de Wojtyla mediante el uso de «operatividad»?

---

85 WOJTYLA, K., 'Lecciones de Lublín'(I) Palabra, pag. 113

Más allá de estos ejemplos puntuales, lo más grotesco del caso es que aquí se ha pretendido cambiar el sentido, no de un párrafo, sino de una obra completa – 'Persona y Acción' y otras más – cambiando el significado propio de una sola palabra, lo que, de hecho, sólo consigue crear confusión e incoherencia si no se ha tomado la precaución de cambiar, al mismo tiempo, el contexto al que esa palabra pertenece.

Como ha quedado en evidencia a lo largo de este trabajo, es el propio contexto de 'Persona y Acción' el que denuncia, a cada paso, la manipulación falsificadora. Con ello, deja constancia también de que la «*conspiración falsificadora*» no puede pasar por «*fidelidad*»; tarde o temprano, la verdad ha de tener su hora para restablecer, en definitiva, la autenticidad del pensamiento filosófico de Karol Wojtyla.

CONCLUSIÓN

En esta conspiración están en juego poderosos intereses de todo tipo: filosóficos, académicos, económicos y de aspiraciones personales, incentivados por el prestigio mundial del afectado.

Por otra parte, la ignorancia de estos hechos es la mayor garantía de «*impunidad*» de sus autores. Y la primera en pecar en este sentido ha sido la propia Librería Editorial Vaticana que recibió, al momento mismo de la elección de Juan Pablo II, la responsabilidad de «*proteger*» las obras de Karol Wojtyla, tarea que, al parecer, al menos en este caso, no ha estado en condiciones de cumplir.

Así, pues, dada la magnitud del problema y el poder que lo sustenta, nuestro trabajo puede parecer, ciertamente, como una gota de agua en el mar. Sin embargo, si aceptamos que también es posible aspirar a conquistar las metas propuestas con los «*medios pobres*» de que hablaba Jacques Maritain, en cuanto suponen la fuerza espiritual que induce a actuar con determinación y entrega personal, bien podemos esperar, o al menos imaginar, que los hechos expuestos en estas páginas puedan contribuir a liberar esas energías en quienes tengan la oportunidad de conocerlos y, sobre todo, la voluntad servir la verdad.

"Pues nada hay oculto que no quede manifiesto, y nada secreto que no venga a ser conocido y descubierto." (Lucas 8:17)

SOBRE EL AUTOR

ANGEL C. CORREA, abogado chileno radicado en Estados Unidos. Fundador y Editor de los sitios web **'Jacques Maritain, Filósofo Cristiano'** (www.jacquesmaritain.com) y **'Karol Wojtyla, Filósofo Tomista'** (www.karolwojtylafilosofo.com), dedicados a difundir el pensamiento de ambos destacados pensadores católicos del siglo XX. Miembro del *'Instituto Internacional Jacques Maritain'* de Roma.

Los interesados en conocer el pensamiento propiamente filosófico de Karol Wojtyla – sin las interferencias de las tergiversaciones y falsificaciones analizadas en este trabajo –, pueden encontrar una colección de documentos en español, susceptibles de ser descargados gratuitamente en formato PDF, en el sitio web www.karolwojtylafilosofo.com.

(El autor deja constancia que todas las traducciones al español de títulos y textos marcados por un asterisco [*] son libres y de su exclusiva responsabilidad.)

BIBLIOGRAFÍA

I.- OBRAS DE KAROL WOJTYLA ANTERIORES A 'PERSONA Y ACCION'

1. 'Max Scheler y la Ética Cristiana', 1953. Biblioteca de Autores Cristianos, de La Editorial Católica, S.A. Madrid 1982

2. 'Human Nature as the Basis of Ethics Formation', 1959 ('La Naturaleza Humana, Base de la Formación Ética' *). 'Person and Community'. Catholic Thought from Lublín. Peter Lang, 1993.

3. 'Thomistic Personalism', 1961 ('Personalismo Tomista'). 'Person and Community'. Catholic Thought from Lublín. Peter Lang, 1993.

4. 'Ethics and Moral Theology', 1967 ('La Ética y la Teología Moral'). Person and Community. Catholic Thought from Lublín. Peter Lang, 1993

II.- KAROL WOJTYLA: 'OSOBA I CZYN' (PERSONA Y ACCION Y TRADUCCIONES)

5.- ORIGINAL POLACO: 'Osoba i czyn', 1969 ('Persona y Acción'). Polskie Tawarzystwo Teologiczne, Krakow.

   5.1.- INGLÉS: 'The Acting Person', 1979. D. Reidel Publishing Company.

5.2.- ESPAÑOL: 'Persona y Acción', 1982. Biblioteca de Autores Cristianos, de La Editorial Católica, S.A. Madrid.

5.3.- FRANCÉS: 'Personne et Acte', 1983. Éditions du Centurion, París. Modificada en Éditions Parole et Silence, 2011.

5.4.- POLACO (Segunda edición): 'Osoba i czyn', 1985 ('Persona y Acción'). Polskie Tawarzystwo Teologiczne, Krakow.

5.5.- POLACO (Tercera edición): 'Osoba i czyn oraz inne studia antropologiczne', 1994. ('Persona y Acción y otros Estudios Antropológicos' *), Towarzystwo Naukowe KUL, Lublín.

5.6.- POLACO-ITALIANO: 'Persona a atto. Testo polacco a fronte', 1999. Rusconi Libri, Milan.

5.7.- ESPAÑOL: 'Persona y Acción', 2011. Ediciones Palabra, Madrid.

III.- K. WOJTYLA: OTROS ESTUDIOS ANTROPOLOGICOS

6. 'Slowo koncowe po dyskusji nad Osoba i czynem', 1973-74 ('Epílogo del debate sobre 'Persona y Acción' *). 'Osoba i czyn orazinne studia antropologiczne'. Lublín, 1994.

7. 'The Personal Sructure of Self-Determination', 1974 ('La Estructura Personal de la Autodeterminación' *). 'Person and Community'. Catholic Thought from Lublín. Ed. Peter Lang, 1993.

8. 'Subjectivity and the Irreducible in the Human Being', 1975. ('La Subjetividad y lo Irreductible en el Ser Humano'. 'Person and Community'. Peter Lang, 1993.

   8.1.- ORIGINAL POLACO: 'Podmiotowość i "to, co nieredukowalne" w człowieku' ('La subjetividad y "lo irreductible" en el hombre' *). 'Osoba i czyn oraz inne studia antropologiczne'. Towarzystwo Naukowe KUL, Lublín 1994.

   8.2.- ITALIANO: 'La Soggettività e 'Irriducibilità nell'uomo'. 'Metafisica della Persona. Bompiani, Milán. 2003.

   8.3.- ESPAÑOL: 'La Subjetividad y lo Irreductible en el Hombre'. 'El Hombre y su Destino', Ediciones Palabra, 2005.

9. 'Teoría-Praxis: un tema Humano y Cristiano'. 1976. Revista española 'Verbo', 1978.

10. 'The Person: Subject and Community', 1976 ('La Persona: Sujeto y Comunidad' *). 'Person and Community'. Catholic Thought from Lublín. Ed. Peter Lang, 1993.

11. 'The Problem of the Constitution o Culture Through Human Praxis' [*], 1977 ('El Problema de la constitución de la Cultura a través de la Praxis Humana' *). 'Person and Community'. Catholic Thought from Lublín. Peter Lang, 1993.

IV.- K. WOJTYLA: 'EL HOMBRE EN EL CAMPO DE LA RESPONSABILIDAD'

12. ORIGINAL POLACO: 'Człowiek w polu odpowiedzialności', 1972, ('El Hombre en el Campo de la Responsabilidad' *). 'L'uomo nel campo della responsabilità. Ed. Bompiani. Testi a Fronte. 2002.

12.1.- ITALIANO: 'L'uomo nel campo della responsabilità'. Ed. Bompiani. Testi a Fronte. 2002.

12.2.- ESPAÑOL: 'El Hombre y la Responsabilidad'. 'El Hombre y su Destino'. Ediciones Palabra, Madrid, 2005.

12.3.- INGLÉS: 'Man in the Field of Responsibility', St. Augustine's Press, South Bend, Indiana, USA, 2011.

V.- K. WOJTYLA: 'LECTURAS DE LUBLIN'

13. WOJTYLA, K., 'Wykłady lubelskie, 1955-57. ('Conferencias en Lublín' *). Człowiek Moranosc III. KUL, 2006.

13.1.- WOJTYLA, K., 'Lecciones de Lublín' I y II. Ediciones Palabra. Madrid, 2014

VI.- RECOPILACIONES DE OBRAS DE KAROL WOJTYLA

14. INGLÉS: 'Person and Community' [*]. Catholic Thought from Lublín. Peter Lang, 1993.

15. ESPAÑOL: 'Mi Visión del Hombre'. Hacia una Nueva Ética. Ediciones Palabra, S.A. Madrid, 1997

16. ITALIANO: 'Metafisica della Persona'. Bompiani, Milán. 2003.

17. ESPAÑOL: 'El Hombre y su Destino'. Ensayos de Antropología. Ediciones Palabra, S.A. Madrid, Cuarta Edición, 2005.

VII.- OBRAS DE JUAN PABLO II

18. JUAN PABLO II. Decreto 1978. Libreria Editrice Vaticana. La Santa Sede, http://www.vatican.va.

19. JUAN PABLO II, Discurso al Pontificio Ateneo «Angelicum», (17 de noviembre de 1979). Santa Sede, http://www.vatican.va.

20. JUAN PABLO II. 'Cruzando el Umbral de la Esperanza', 1993. Alfred A. Knopf, New York, 1994.

21. JUAN PABLO II. 'Don y Misterio'. BAC, Madrid, 1996.

22. JUAN PABLO II. 'Memoria e Identidad'. Ed. Planeta. Buenos Aires, 2005.

23. JUAN PABLO II. 'The Story of my Life', 2008. Pauline Books & Media. Boston. 2011

VIII.- KAROL WOJTYLA SEGÚN OTROS AUTORES

24. BURGOS, J. M., Presentación de 'El Hombre y su Destino'. Ediciones Palabra, Madrid, 4ª edición. 2005.

25. BURGOS, J. M., 'Karol Wojtyla'. PHILOSOPHICA: Enciclopedia Filosófica online. 2006.

26. BURGOS, J. M., 'La Antropología de Karol Wojtyla'. 'La Filosofía Personalista de Karol Wojtyla'. Ediciones Palabra, Madrid, 2007.

27. BURGOS, J. M., Prólogo a 'Persona y Acción'. Ediciones Palabra, Madrid, 2011.

28. BURGOS, J.M., 'Para Comprender a Karol Wojtyla. Una Introducción a su Filosofía'. Biblioteca de Autores Cristianos, Madrid. 2014.

29. GUERRA, R., 'Volver a la Persona, El Método Filosófico de Karol Wojtyla', Caparrós Editores, México, 2002.

30. KRAPIEC, Mieczysław A., 'O rozumienie filozofii', 1991 (Traducido al inglés 'Understanding Philosophy' por Hugh McDonald, 2007). Documento online.

31. RATZINGER, Cardenal Joseph, 'Las 14 Encíclicas del Santo Padre Juan Pablo II'. Congreso 'Juan Pablo II: 25 años de Pontificado. La Iglesia al Servicio del Hombre', (Roma, 8-10 de Mayo, 2003). La Santa Sede: www.vatican.va.

32. STYCZEN, Tadeusz, T. 'Karol Wojtyla: Filósofo-Moralista'. 'Mi Visión del Hombre'. Ediciones Palabra, Madrid, 1997.

36. SWIEZAWSKI, S., 'Karol Wojtyla at the Catholic University of Lublín', 1984, ('Karol Wojtyla en la Universidad Católica de Lublín' *). 'Person and Community'. Catholic Thought from Lublín. Ed. Peter Lang, 1993.

IX. OBRAS DE CONSULTA

37. BUTTIGLIONE, Rocco. 'Karol Wojtyla. The Thought of the Man Who Became Pope John Paul II, 1997. William B. Eerdmans Publishing Co., Michigan, U.S.A.

38. KALINOWSKI, Jerzy, y SWIEZAWSKI, Stefan. 'La Philosophie à l'heure du Concile' ('La Filosofía a la hora del Concilio' *), 1965. Les Presses universitaires de l'IPC, París, 2014.

39. KUPCZAK O. P., Jaroslaw. 'Destined for Liberty. The Human Person in the Philosophy of Karol Wojtyla-Juan Pablo II'. The Catholic University of America Press, 2000.

40. SCHMITZ, Kenneth L. 'At the Center of the Human Drama. The Philosophical Anthropology of Karol Wojtyla'.The Catholic University of America Press, 1993.

42. WOZNICKI, Andrew N. 'A Christian Humanism: Karol Wojtyla's Existential Personalism. Mariel Publications, New Britain, U.S.A., 1980.

41. WEIGEL, George. 'Witness of Hope. The Biography of Popa John Paul II'. HarperCollins Publishers. New York, U.S.A., 1999.

www.ingramcontent.com/pod-product-compliance
Lightning Source LLC
Chambersburg PA
CBHW071519040426
42444CB00008B/1714